空谷幽蘭

尋訪中國現代隱士

比爾·波特

Bill Porter

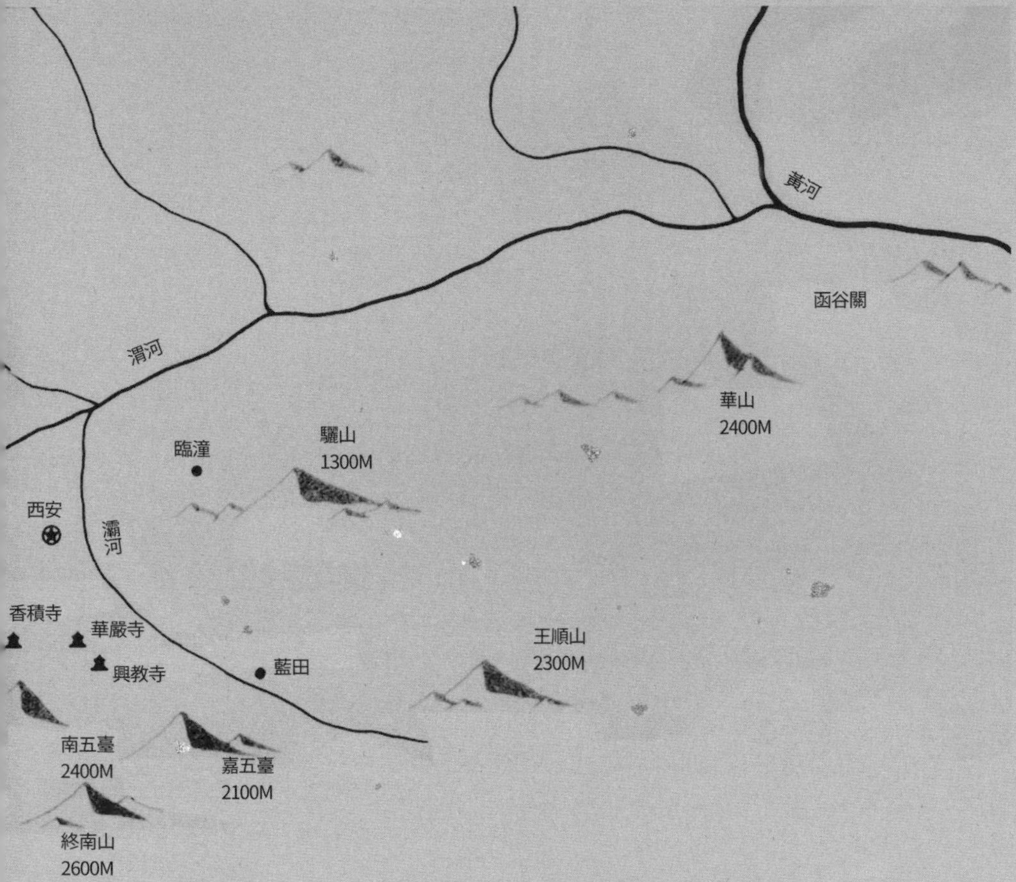
黃河
函谷關
渭河
華山
2400M
驪山
1300M
臨潼
西安
灞河
香積寺
華嚴寺
興教寺
藍田
王順山
2300M
南五臺
2400M
嘉五臺
2100M
終南山
2600M

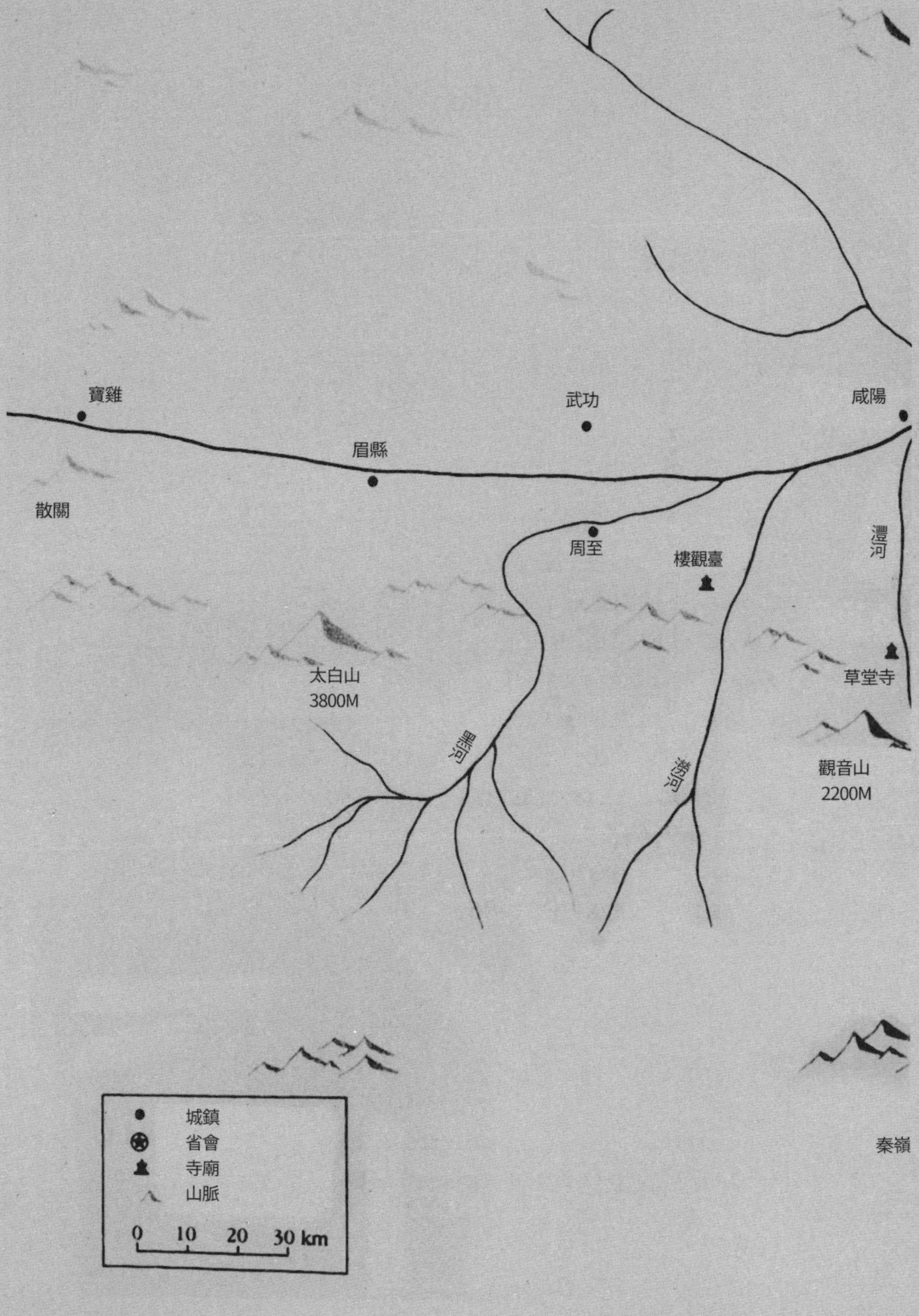
寶雞
武功
咸陽
眉縣
散關
周至
樓觀臺
灃河
太白山
3800M
黑河
澇河
草堂寺
觀音山
2200M
秦嶺
城鎮
省會
寺廟
山脈
0 10 20 30 km

目次

新版作者序

我往寒山走的路

五十年前，一九七〇年春，我申請到哥倫比亞大學攻讀人類學博士學位。因為沒有足夠的錢支付學費和生活費，所以我申請了獎學金。申請表上有一項必修課的獎學金，是提供給學習一門罕見語言的——罕見是針對當時的美國人說的。我剛讀過一本艾倫．沃茨（Alan Watts）所著的《禪之道》（*The Way of Zen*），它給我帶來了美好的感受。書上有漢字，它們看起來是那樣地奇怪和有趣。我遂決定，「管它呢！」便選擇了這一項，寫下了「漢語」這個詞。我並不真的對漢語或中國文化感興趣，但是我需要一份獎學金。當我得知哥倫比亞大學不僅錄取了我，而且還給我提供了一份四年的獎學金，供我學習漢語和人類學的時候，你可以想像，我有多驚訝！我感覺自己像一個騙子，不過我接受了這筆錢，並且開始了漢語學習。那是一九七〇年秋。

儘管紐約無疑是一座大城市，但是它也可以看起來像一個小鎮。沒過多久，我就在唐人街遇見了一個和尚，他的名字是壽治，他教我怎樣坐禪。儘管他不大會講英文，而我的漢語也不是很好，但僅僅是他看人及言行舉止的方式，就令我對他留下了深刻的印象。幾個月後，我在壽治師父座下皈依了，並且做出了一個決定：他所一直遵循的佛教道路，也就是我想走的道路。

在隨後的兩年裡，我開始花愈來愈多的時間坐禪，閱讀佛教書籍。我對學術研究喪失了全部興趣。最後，一九七二年秋，我認為到了該做決斷的時候了——現在回想起來，這個決定是那些看起來簡單可是實際上卻改變了人生航向的決定之一——我終止了人類學博士學位的學習，離開了美國，搬到了臺灣南部的一座寺院裡。這座寺院就是佛光山，方丈星雲大師歡迎了我。那是一段美好的經歷，住在寺院裡，每個人都在精進地修行。然而，佛光山的修行主要是淨土宗，而我是希望修禪的。一年後，我搬到了臺灣北部的海明寺，方丈是悟明師父。除了擔任方丈之外，他還是臺灣臨濟宗的宗長。他是一位禪師。寺院也小得多。在佛光山，每天有成百上千的訪客。作為一個外國人，我格外地引人注目。並且，海明寺坐落在山中，而佛光山則被大片的鳳梨園所包圍。每天午飯後，我都會步行到海明寺後面的山裡，在樹下或墳堆上打坐。這是一段田園詩般的生活，我在那裡度過了兩年的時光，專心致志地禪修和閱讀佛教文獻。

我所讀過的那些著作裡，有一本是悟明師父給我的，書名是《寒山詩解》，他曾為這本書提供過贊助。我過去聽說過寒山。在美國，垮掉的一代的成員，把寒山視為他們的英雄。忽然之間，我正在讀他的詩，也正在品味這些詩！它們是如此地簡單，就好像是為我寫的似的。除了注解以外，這本書大約有三分之一的詩，附有英文翻譯。儘管我仍然只會最基本的漢語，我還是開始翻譯這些詩，並且發現，翻譯是一個非常好的方法，可以幫助提高我的漢語水準，以及深化我對佛教的理解。

雖然悟明師父讓我感到自己是受歡迎的，我也可以一直待在海明寺，但是依靠他人的供養生活，我還是覺得有些尷尬。我被當作一位尊貴的客人，也不被允許做任何事。兩年後，我決定，該自己養活自己了。一九七六年，我離開了海明寺，搬到了竹子湖村一座修葺過的農舍裡。它就在七星山山頂下面，從那裡，可以俯瞰整個臺北。

在接下來的五年裡，我每週有三個晚上在士林教英語，剩下的時間在山上翻譯寒山詩，以及另一位佛教詩人石屋清珙的詩。我可以想像自己正在過著他們所過的生活：在山上，坐禪，聽風，觀雲。最終，一九八三年，我在美國出版了寒山詩集的譯本，一九八六年出版了石屋清珙詩的譯作。我忍不住好奇地想，不知道中國是否還有人像這樣地生活？

在此期間，我結婚了，需要一份真正的工作，所以我開始為英文的臺北國際社區廣播電臺（ICRT）工作。我的職責之一是採訪當地名流。有一天，我的特邀嘉賓是王文洋（Winston Wang），王永慶的兒子。採訪後，我告訴王文洋，這可能是我的最後一次採訪，我已經向美國的古根漢基金會（the Guggenheim Foundation）提出了申請，想到中國去尋找像寒山和石屋那樣的人，去看看在當今這樣的時代，他們是否還存在，我希望下週能得到古根漢的回音。王文洋說，「這是一個很出色的想法。如果他們不給你錢，我會給。」當然了，他們沒給，而他給了。

因為我從未去過中國，所以花了幾個月時間去規劃。最後，在一九八九年的五月一日，我和我的攝影師朋友史蒂芬．詹森（Steve Johnson）一起到達北京。那是一段很奇特的時光。天安門廣場上擠滿了示威者，上千名的示威者，舉城歡慶——並不僅僅因為是五一勞動節。

史蒂芬和我不知道會發生什麼，可我們到那裡不是為了慶祝的，我們有目標。於是第二天，我們開始拜訪廣濟寺，中國佛教協會的總部在那裡。我想那裡也許有人能幫助我們。我猜對了，我們遇見了淨慧師父，中國佛教協會的副會長。他說，他聽說過在西安南面的終南山，仍然有人在堅持隱修。終南山就是我們後來去的地方。如果我沒有遇到淨慧師父，後來也沒有為了感謝他對自己的幫助而送他一本英文原著，那麼可能這本書的中文版就永遠不會面世。正是他，淨慧師父，請他的弟子明潔把這本書翻譯成了中文。這就是緣分。

回想起來，在一九八九年的整個五月，我和我的朋友走遍了中國。此後我又到訪中國很多次。若問我從隱士那裡學到了什麼？我想說的是，作為隱士，他們一無所有，但我從來沒有遇見過比他們更快樂的人了。這就是我所學到的，而這一點，仍然在持續地滋養著我的生命。過簡單的生活，走簡單的道路，這是我從那以後一直奉行的。回顧自己的人生，我的結論是，我的整個人生道路，一半是由業力決定的，一半是由願力決定的。

比爾·波特

二〇二一年五月五日

作者序

我總是被孤獨吸引。當我還是個小男孩時，我就很喜歡獨處。那並不是因為我不喜歡跟其他人在一起，而是因為我發現獨處有如此多的快樂。有時候，我願意躺在樹下凝視著樹枝，樹枝之上的雲彩，以及雲彩之上的天空；注視著在天空、雲彩和樹枝間穿越飛翔的小鳥；看著樹葉從樹上飄落，落到我身邊的草地上。我知道我們都是這個斑斕舞蹈的一部分。而有趣的是，只有當我們獨處時，我們才會更清楚地意識到，我們與萬物同在。

我們都需要有時間獨處，有些人需要更多獨處的時間。有人卻能從獨處中變得更有智慧、更為仁慈，這是我遇到中國隱士後讓我吃驚的事。他們是我見過的最幸福、最和善的人。在美國，隱士只是那些喜歡自個兒待著的人，往往都有點神經質。但是，在中國，我發現隱士往往是社會的菁英，扮演著重要的角色。

當美國人要我類比中國的隱士傳統與美國社會的一些現象時，我告訴他們隱士很像研究生，他們在攻讀他們精神覺醒的博士。在中國，很多人在佛教寺庵、道觀、儒家書院、大學乃至家裡獲得他們精神覺醒的「學士」，但不是所有的人都有欲望、有能力、有精力攻讀「博士」。然而，中國社會從那些獲得覺醒的「博士」的人受益甚巨。過去如此，現在亦然。

我並未打算為此著書，我僅僅是一名譯者。但我居住在臺灣時翻譯的作品恰恰是中國最偉大的隱士們的詩——《寒山詩》、《石屋山居詩》。我僅僅想知道這種生活方式在中國是否還存在。當臺灣有人告訴我中國大陸不但沒有人修行，隱士傳統也不復存在時，我決定親自去弄個明白。不久之後，我發現隱士傳統不僅存在得很好，而且是中國社會很有活力的部分，我覺得必須把這個情況介紹給西方人。這就是我寫作本書的緣由。我想讓西方各種宗教的修行者知道，儘管中國大陸曾經歷戰爭、革命，但修行人仍然堅持修行，我希望由此給西方的修行人以鼓勵。他們怎會無動於衷？

本書出版後，我很驚奇地發現，在美國很多大學都能看到。無論我在哪裡演講，聽眾既有學院的學者，也有來自社區的普通居民。我在美國從沒遇到對此不感興趣的人。我想這是因為我們羨慕這些隱士，他們所做的是我們的夢想、希望，是我們某一天也會去做的事情。

我感到榮幸的是，儘管還有不足和缺點，《空谷幽蘭》仍被譯成了中文，而且這次以這麼漂亮的版本出版。我希望它能像鼓勵西方讀者那樣，鼓勵中國讀者追尋並找到生活中「獨處」的樂趣——不是離群索居，而是因為更深的覺悟和仁慈，與大家更為和諧地共處。

比爾・波特

（赤松居士）

二〇〇六年八月十日於華盛頓湯森港

譯者序（代序）

遊終南山

獨坐群峰上，
胸臆自開張。
風拂長松靜，
泉響落花香。
古道生幽草，
梵鐘渺仙鄉。
昔人何處去？
嵐霧濕衣裳。

明潔

二〇〇六年九月一日於北京

第　一　章

隱士的天堂

在整個中國歷史上，一直就有人願意在山裡度過他們的一生：吃得很少，穿得很破，睡的是茅屋，在高山上墾荒，說話不多，留下來的文字更少——也許只有幾首詩、一兩個仙方什麼的。他們與時代脫節，卻並不與季節脫節；他們棄平原之塵埃而取高山之煙霞；他們歷史悠久，而又默默無聞——他們孕育了精神生活之根，是這個世界上最古老的社會中最受尊敬的人。

中國人一直很崇敬隱士，沒有人曾經對此做出過解釋，也沒有人要求解釋。隱士就那麼存在著：在城牆外，在大山裡，雪後飄著幾縷孤獨的炊煙。從有文字記載的時候起，中國就已經有了隱士。

中國人說，他們的歷史要上溯到五千年前的黃帝時代。黃帝是目前人們所知的最早的黃河流域部落聯盟的首領，後來這些部落的人民把自己稱為中國人。但黃帝是從兩個隱士那裡，學會了怎樣戰勝敵人和延年益壽的，大約從西元前二七〇〇年到西元前二六〇〇年，他統治了一百年。大約與此同時，埃及建造了第一批金字塔。

黃帝乘龍回歸了仙班。此後，中國新生文明的領導權又經歷了幾代人。大約在西元前二二〇〇年的時候，傳到了堯的手中。大約一千六百年以後，孔夫子稱讚堯是最有智慧的人，因為他略過了自己家族的成員而選擇了一位隱士作為繼承人。西元三世紀，皇甫謐在他的著作《高士傳》中，記述了這件事情：

堯讓天下於許由。曰：「日月出矣，而爝火不息，其於光也，不亦難乎？時雨降矣，而猶浸灌，其於澤也，不亦勞乎？夫子立而天下治，而我猶尸之，吾自視缺然。請致天下。」許由曰：「子治天下，天下既已治矣也。而我猶代子，吾將為名乎？名者，實之賓也，吾將為賓乎？鷦鷯巢於深林，不過一枝；偃鼠飲河，不過滿腹。歸休乎君，予無所用天下為！庖人雖不治庖，尸祝不越樽俎而代之矣。」

許由沒有接受堯的建議，為了清除這席談話可能殘留的影響，他到河邊洗了耳朵。但是堯決意要找到一個品德優秀的人，於是他又去接近另一位名叫舜的隱士。舜接受了堯的禪讓，後來他也去找了一位隱士來做自己的繼承人。《高士傳》又一次記載了這一事件：

（及堯受終之後，）舜又以天下讓卷（善卷）。卷曰：「昔唐氏之有天下，不教而民從之，不賞而民勸之，天下均平，百姓安靜，不知怨，不知喜。今子盛為衣裳之服，以眩民目；繁調五音之聲以亂民耳；丕作皇韶之樂以愚民心。天下之亂從此始矣。吾雖為之，其何益乎？予立於宇宙之中，冬衣皮毛，夏衣絺葛，春耕種形，足以勞動；秋收斂身，足以休食。日出而作，日入而息，逍遙於天地之間而心意自得，吾何以天下為哉！悲夫，子之不知余也！」遂不受去，入深山莫知其處。

皇甫謐所記載的這兩個故事，是從《莊子》以及其他西元前四世紀或更早的著作中擇取的。看起來，中國人似乎從開始記錄中國文明早期領導者的逸事時起，就已經同時記載了隱士的故事。在過去的兩千年裡，他們一直重複著這些隱士統治者的故事——如果不竭力去仿效的話，那麼他們就將其視為理想人物，珍藏於心中。當然了，密集的群山是不會像人這樣做的。但是這些故事的目的不是為了創造一個隱士社會——姑且假定這是可能的——它們是針對那些行使權力的人的。它們所傳達的訊息是，權力的傳遞應該建立在美德和智慧的基礎之上，而不是裙帶關係。

這些故事構成了中國最早的政治批評。但是它們不僅僅是故事：真的有人更願意選擇荒野，而不是文明。這正是世界各地隱士傳統的基礎。而中國隱士傳統與眾不同之處在於，隱士在他們所遺棄的那個社會中，享有崇高的地位。

我自己開始了解中國的隱士傳統是在一九七二年。那一年，我離開了美國，搬到了臺灣。臺灣在上海的南面，香港的北面，與福建海岸遙遙相望。到了之後沒幾天，我就開始了在一座佛教寺廟裡的生活：天亮前就起來誦經，夜晚聽鐘聲，一日三餐素食，一個房間，一張床，一頂蚊帳，沒有鈔票。如果我的腿太痛了，或者對禪墊感到「深惡痛絕」的時候，我就讀書。

除了佛經之外，我也讀儒家和道家的書。那些書裡有很多生活在山裡的中國古代隱士的故事。我非常喜愛這些故事。我能夠理解為什麼有的人什麼都不想要，而只想過一種簡單的生活：在雲中，在松下，在塵囂外，靠著月光、芋頭和大麻過活。除了山之外，他們所需不多：一些泥土，幾把茅草，一塊瓜田，數株茶樹，一籬菊花，風雨晦暝之時的片刻小憩。從黃帝時代算起到現在，中國一定有上百萬隱士了。但是，讀他們的故事的時候，我很懷疑他們能不能存在於二十世紀。每當我問起臺灣的和尚，他們都向我保證說，中國隱士已經不復存在了。經過一個世紀的革命、戰爭和壓迫之後，他們怎麼還能夠存在呢？但是，我仍然心懷疑問。

三年後，我結束了寺院生活，自己隱居在一個名叫竹子湖的山村裡。從那裡可以俯瞰臺北盆地。與此同時，我開始著手翻譯一些中國古代隱士的著作：寒山、拾得、豐干、石屋和菩提達摩。十二年後，即一九八七年冬，到中國大陸旅遊的禁令解除了，島上的人民紛紛開始探望他們長達四十年沒有見過面的親友。

一九八九年春，我決定加入這股人流，不是為了探親，而是為了尋找隱士。當一位和藹的贊助人願意為這趟考察旅行提供費用時，我給在美國的史蒂芬·詹森打了電話。早在兩年前，他曾經向我表示，如果這樣的旅行能夠成行的話，他願意作為攝影師跟我一起去。他沒有改變主意，於是我們約好兩星期後在香港碰頭。我找出自己的舊森林服務背包，讓人釘上了新帶子。同時我也開始仔細研究地圖，尤其是那些注明人口密度的地圖。我不知道到哪裡去找隱士，但是我猜想，如果還有隱士，那麼他們一定會在山裡。但那是哪些山呢？

通向終南山的路

即使我們碰巧找對了那座山，我們又怎麼能找到正確的路徑，更何談那隱士的茅屋呢？而且他們會歡迎來訪者嗎，尤其是兩個揮舞著錄音機和照相機的外國人？還有，當局會不會試圖阻止我們？一大堆問題。沒有答案。

在中國古代，隱士群體的升降沉浮是與來自都城的「風的變化」息息相關的。我想，動身進山前，我們也可以試試風向。在香港碰頭後，史蒂芬和我飛往北京。我們是在四月的最後一天到的，北京的一位德國朋友提出讓我們分享他在城郊頤和園裡的膳宿設備，我們高興地接受了。

透過新形式的外貿，中國保持著持續發展的勢頭，它已經開始把過去的幾處皇家園林出租給其公司能夠承擔起這筆費用的外國人。具有諷刺意味的是，我的朋友恰好住在過去江青住過的那套寓所裡。

第二天，我們參觀了廣濟寺。廣濟寺是中國佛教協會的所在地，因此我推想，這兒可能是開始我們的考察的好地方。我問佛協的副會長周紹良，他是否知道我們可以到哪裡找到幾個隱士。他還沒有來得及回答這個問題，廣濟寺的方丈淨慧法師[1]說，他曾經聽說過西安附近的終南山裡有隱士。

我對西安地區不熟悉，正想再多打聽點兒消息，可是就在這時候，周紹良說

*本書註釋符號1、2、3為譯者註，①、②、③為編者註。

1——淨慧法師時任中國佛協常務理事，《法音》雜誌主編。

話了。他說，中國已經沒有任何隱士了，在終南山或其他山裡漫遊，不但毫無益處，而且很危險。與此相反，他建議我們去參觀中國重新活躍起來的幾個禪修中心。他很耐心，寫下了四個這樣的寺廟的地址。我謝謝他的幫助，大家道別。出去的路上，我向那位方丈問訊。他那淡淡的微笑，至今我依然記得。

兩天後，史蒂芬和我參觀完了城北的長城，回來了。我們的火車要去位於北京西北的古代佛教中心大同，離開車還有四個小時。那一天是五月四日，是現代中國第一次學生運動的七十週年紀念日。街上擠滿了遊行者，離火車站還有一英里，我們的計程車就進不去了。我們別無選擇，只好下車，背上背包，開始沿著東長安街，擠出一條路來。那一天天氣晴朗。我們能夠聽到小鳥在吱吱喳喳地叫，自行車的鈴聲在響。每個人都在微笑。我們陶醉了。

第二天早晨，我們痛苦地在大同醒來。大同是最沉悶無趣的城市之一，在其城外山腰上，有一千五百年前雕刻的巨大的佛像。關於這些佛像，我所留下的唯一的印象是，它們是多麼幸運，有人那麼有先見之明，在岩洞附近種植了很多丁香樹。丁香正在開花，靠近根部的地方有空隙，可以從下面爬過。

第二天，我們第一次冒險進入農村，去遊覽恆山。恆山是中國五嶽中最北的一嶽，也是古代隱士的家。它的風景確實是夠優美的了，但是我們沒有發現任何地方有隱士居住的跡象。

次日，我們動身向南去五臺山。五臺山是大智文殊師利菩薩的古道場，也是中國佛教徒所選定的四大聖山中最北的一座。五臺山位於蒼茫大野的中間，我們想，那兒可能有隱士居住。

可是事實卻並非如此。視野裡幾乎沒有一棵樹。我推斷：沒有森林，就沒有枯枝；沒有枯枝，就沒有木柴；沒有木柴，就沒有茶；沒有茶，就沒有禪；沒有禪，就沒有隱士。儘管五臺山上大寺廟的方丈們可能不同意我的推理，卻同意我的結論。他們中的大部分人是壽冶長老的朋友。壽冶長老曾經是這座山上一座最大的寺廟的方丈，也是我在紐約第一次皈依佛教三寶的見證師。他們先後向我保證，如今所有的和尚和尼師都生活在寺廟裡。據他們所知，五臺山上或中國其他任何山上，都沒有隱士。

參觀最後一座寺院的時候，我攔住了一位老和尚，他正在幫忙修復「文革」期間被紅衛兵毀壞的一座寺廟建築。當我向他重複我的老問題時，他說：「中國當然還有隱士。」我的心臟停止了跳動。然後他又說：「但是當你遇到他們的時候，你認不出他們；除非他們願意讓你找到，否則你就找不到。」說完，他哈哈大笑，繼續工作去了。我不知道說什麼好，那天晚上，直到很晚我都沒有睡著，一直在惶惑我們怎麼能找到那些不願意被找到的人；還有，為什麼我沒有早點兒想到這一點。

第二天是文殊師利佛誕，我爬上了那一千級石階，去他的聖殿表達我的敬意，並祈求他在我們的考察過程中加持我們。很顯然，我們眼下就需要幫助。香燃盡之前，我們上了一輛公共汽車，向南進發。我的思緒再次轉向老和尚說的話上——隱士們不願意被發現。我們到底在中國幹什麼呢？顯然，此刻我們不得不放棄邏輯。我們是有使命的。

然而，這使命卻被旅遊打斷了。史蒂芬和我飽覽了西安的風光，感到心滿意足——在西安的懷抱中，曾經有十一個朝代在此建都。我們花了幾天的時間滿足了自己的歷史好奇心，之後去參觀最後一個地方：草堂寺。一千六百年前，鳩摩羅什曾經駐錫於此寺，在此期間翻譯出了大量佛經，品質超群，文辭優美。我不能放過向這位祖師表達敬意的機會，因為我自己曾經是個行者，所以我以行者的方式向他表達了敬意。

汽車在泥濘不堪、車轍縱橫的路上向西安西南方向行駛了兩個小時之後，我們到達了草堂寺長長的紅牆之外。這些紅牆被麥田包圍著，看起來似乎是最近才修復的。除卻這座寺廟在古時候的名聲，它看起來幾乎不值得我們為到這裡而付出的努力。但是剛一進寺廟，我就因禮佛者數量之多而大吃一驚。大殿是如此擁擠，我幾乎找不到空隙在鳩摩羅什和釋迦牟尼佛像前問訊。正當我要離開的時候，一位老和尚從人群外走過來，向我點頭示意——原來他就是草堂寺的方丈，而吸引了這麼多信徒的眼前這一幕場景，乃是因為今天是佛誕。我怎麼能忘了呢?!

領我們參觀了寺廟的庭院之後，方丈把我們帶到他的方丈室裡。我告訴他，我們正在尋找隱士。此時，他的幾個弟子也擁進屋裡。他看看他們，然後又看看我，最後說：「我對隱士的事情一無所知。但是既然你們遠道來了，為什麼不參拜一下你們拐入主路以前路過的那座山上的塔呢？那座塔裡有道宣的舍利，他肯定知道他那個時代隱士的事情。」方丈把我們送到大門口，我們依依惜別。

我們回到柏油路上，幾分鐘後，車停在方丈提到的那座山的山腳下。起初找了幾次路，都走錯了，後來我們找到一位老人，他願意給我們當嚮導。半路上，史蒂芬和我開始懷疑這座山有沒有頂。山上的小路因為最近下了雨而特別滑，我們幾次跌倒。一個小時後，我們終於爬上了山脊。

史蒂芬停下來拍攝這座山的全景，我則去爬通往那座塔的最後一道坡。我繞著這座小磚塔右行三匝，然後恭敬地向這位大師問訊——是他編撰了中國第一部佛教人物編年史。之後，我背靠著塔的正面坐下來，眼前是一望無盡的連綿起伏的山嶺，白雲繚繞的山峰和綠松石色的小溪。它看起來像是最完美的隱居地。但是即使借助望遠鏡，我也沒有發現岩洞，沒有茅屋，沒有小徑，沒有炊煙。

我很失望，但同時又因為終於置身於山中而感到振奮。我往下滑回到史蒂芬休息的地方。我們的嚮導建議從山後的小路下山，那樣走容易一些。這正中我們的下懷，於是我們就從山後下山了。

大約十分鐘後，小徑繞過一座舊寺廟的泥牆。我們能夠聽到裡面有聲音，嚮導敲了門。門開了，五個年輕的和尚領我們穿過院子，進到一個房間裡，裡面有一張桌子、五只凳子。我們坐下來，他們給我們倒了兩杯熱水，並往裡面加了一些東西，其色澤、口感都很像甜橙沖泡粉。

這種古老的待客方式使我精神一振，我又把那個必不可少的問題拿來問主人：「這些山裡有什麼隱士嗎？」

一位和尚答道：「當然啦。你想了解哪些隱士？」接下來的一個小時，我們一杯接一杯地喝著熱橙汁，傾聽著一長串名單：有些人剛在山裡過了一個冬天，還有人已經四十年沒有下山了。我們發現了隱士的天堂。臨走前，我問一位和尚這些山的名字。他說：「這裡是終南山。這兒是真修行的出家人來的地方。」

一九五九年，作家賴特在他的《中國歷史上的佛教》（*Buddhismin Chinese History*）一書中，以此觀點作為結言：「我相信，中國佛教作為一個有組織的宗教，我們正在看到的是它的最後一線光明。」當時幾乎沒有人會反對這種看法。在其後的歲月裡，佛教似乎已經從中國人的頭腦和心靈中被清除掉了。沒有被燒毀或洗劫的寺院和道觀都變成了學校和工廠，倖存的極少數的寺廟被用來駐紮新的寺廟工作組，過去寺廟裡的大部分人都被迫還俗了。在過去的三十年裡，中國國內和國外的觀察家們都斷言，這場運動是一個巨大的成功，它徹底清除了人民群眾的精神鴉片和迷信。大多數觀察家已經把佛教視為死去的宗教。每當我跟約翰．布洛菲爾德——他翻譯了黃檗和慧海禪師的語錄，這兩本語錄多年來一直指導著我的修行——談起這個話題，他都會長歎一聲，然後建議我們談點兒別的事情。

當我開始考慮參觀中國大陸、親眼去看看佛教現狀的時候，我斷定：如果佛教在中國或其他任何地方還存在，那麼它更多地會依賴於生活在茅篷①或岩洞裡的比丘或比丘尼，而不是依賴生活在寺廟裡的那些人。回顧佛教兩千五百年的歷史，我沒有發現任何一位大師不是先經過一段隱居生活而開悟的。當我最終決定去參觀中國大陸、看看佛教是否還存在的時候，我決心把精力集中在隱士傳統上，而不是寺院傳統。

當時我並不樂觀。動身前兩個星期，臺灣「陸委會」行政祕書告訴我，共產黨早就把大陸上的隱士連同真正的出家人「消滅」光了。我是誰呀，還敢爭論？一個月後，與五個年輕和尚坐在那個小小的土坯寺廟裡，看著門外綿延不盡的蒼藍的終南山，喝著熱橙汁，記錄著隱士們的地址，我只有微笑的分兒了。

①———「茅篷」是指出家人在深山裡閉關靜修的地方，通常都很簡陋。有時候，它也被用來借指小寺廟或小的隱居處。

採菊東籬下，悠然見南山

第二天，史蒂芬和我離開西安地區，繼續我們橫穿中國大陸的「奧德賽」②。我們又爬了其他一些山，與另外一些隱士進行了交談。他們中大部分是佛教徒，但也有很多是道教徒；大部分是和尚、道士，但也有很多尼師和道姑；大部分上了年紀，但也有很多年輕人。他們都很清貧，但是他們的微笑，使我們覺得自己遇見了中國最幸福、最有智慧的人。

我們所考察的山中，有一座叫太姥山，就在福建省東北部。在路上，我們碰到一位居士，他把我們帶到一個山洞前，洞裡有一位八十五歲的老和尚，他在那兒已經住了五十年了。在我們交談的過程中，老和尚問我，我反覆提到的那個「毛主席」是誰。他說，他是一九三九年搬進這個山洞的。當時這座山的山神出現在他的夢裡，並且請求他做這座山的保護者。從那時起至今，他再也沒有下過山。弟子們和當地村民給他帶上來他所需要的為數不多的物品：麵粉、食用油、鹽，還有每五年左右一條新毯子或一套新衣服。他的修行方法是持名念佛，念阿彌陀佛。「阿彌陀佛」的意思是「無量光佛」、「無量壽佛」。爬過那麼多座山，遇到過那麼多隱士之後，我們終於慢慢地明白了「無量」的涵義。

②——Odyssey，指冒險之旅。

下山的路上，我們停下來拜訪兩位在附近山洞裡修行的隱士。他們在那裡也住了幾十年了。他們送給我們兩公斤「東方美人」作為臨別贈品——那是他們自己的小茶園出產的。它是我過去非常喜愛的茶種，現在仍然是。從來沒有外國人來過他們的山，所以他們想送給我們一點兒特殊的紀念品。

我們沿著山路繼續往下走，來到山腳下的一個村莊裡。我們上了一輛公共汽車，它半路抛錨了。於是我們又換了一輛公共汽車，最後到了福州。

在旅館裡登完記，我們沖了個澡，洗了衣服，像往常一樣出去閒逛，找冰鎮啤酒。

第二天，史蒂芬和我乘公共汽車來到港口城市廈門，然後搭下一班船回到了香港。幾天後，我們回到臺灣，放鬆了下來。但是我們同時也做好了準備：回去做一次更長時間的旅行，拜訪全中國的隱士。可是，原來有意贊助我們的人都消失了，突然之間，我們只有靠自己了。我們考慮放棄這個計畫，或者等著，直到條件好轉。但是我們發現的東西令人難以忘懷，我們無法一直等到條件合適或者合乎我們的心意才再去大陸。我們舉棋不定，抛了兩次硬幣——兩

太姥山上五十年

次都是正面。於是六個星期後的八月上旬，我們又回去了。很顯然，我們不得不忘記拜訪全中國隱士的計畫，不得不把自己的行動限定在我們的經濟能力所能承受的範圍之內。權衡了各種可能性之後，我們選擇了隱士的天堂。

第　二　章

月亮山

當我頭一次聽說終南山的時候，我既不知道它們的位置，也不了解它們的重要性。在北京，有人告訴我們，它們在西安附近，這就是我們所得到的所有資訊了。當我們第一次向山裡進發的時候，在恆山和五臺山，我們都沒有找到隱士。於是史蒂芬和我搭上一列火車，向南進發。我們結束了與兩個西安商人共享一個車廂分隔間的旅程——他們中的一個人曾經聽說過終南山，說它在西安南面的某個地方，但這就是他所知道的一切了。在漢語裡，名詞是不變化的，因此無法區分單複數，所以我仍然不知道，終南山是指一座山，還是指一列山脈。幾天以後，我發現，它既指一座山，又指一列山脈。回到臺灣以後，我了解到，它所指的遠遠不僅是山脈。

在現代，有一列大得多的山脈，叫秦嶺，終南山只包括秦嶺最北端的那一列東西走向的山脈。「秦嶺」這個詞是大約兩千年以前才開始使用的，即在古秦國統一中國之後的一段時間。秦國的祖先世居於秦嶺以北的渭河平原上，秦國就是以那裡為基礎統一中國的。

今天，地理學家、氣象學家、博物學家和歷史學家，都認為秦嶺是南北中國的分界線。自從一百萬年以前這列山脈隆起以後，它對中國的溫度和降雨類型

秦嶺

一直有著極其重要的影響：冬天阻止冷空氣南下，夏天阻擋潮濕的空氣北上。小麥、小米和玉米是秦嶺以北的主要農作物。秦嶺以南是水稻。

秦嶺也是中國兩條最大的河流的主要分水嶺。秦嶺北坡的溪流注入黃河的主要支流渭河，而南坡的溪流則注入長江的主要支流漢水。在古代，有旱災的時候，這裡是官員們前來祈雨的地方。

但是在「秦嶺」這個詞開始使用之前的一千年，中國人把這整列山脈稱為「終南山」，有時候，他們又把它簡稱為「南山」。《詩經》一書中，在至少創作於三千年前的詩篇裡，提到了它：

終南何有，有條有梅。

……

終南何有，有紀有堂。

現在人們所說的「終南山」這個詞，既是指西安南面四十公里處的那座兩千六百米高的山峰，又是指與之相毗鄰的東西一百公里以內的山巒。但是三千年前，「終南山」是指從河南省三門峽的黃河南岸，向西沿著渭河，直到這條河的源頭——位於甘肅省的鳥鼠山[1]——為止的所有山脈，長達八百公里。

在中國更為遙遠的神話傳說中的過去，「終南山」所包括的範圍甚至更廣，遠遠超越了鳥鼠山。這列更大的山脈，既包括崑崙山，也包括終南山，並且延伸到了當前中國和巴基斯坦國境線上的喬戈里峰，乃至稍稍有些超過，長達三千五百公里。

在解釋範圍縮小得多了的「終南山」的時候，早期的中國歷史學家們說，「終」的意思是「終結」，「南」的意思是「南方」，「山」的意思是「一座山」或「多座山」。這樣，「終南山」就被說成是絲綢之路南面那條岔路沿線的系列山脈的東端。這個解釋使得這個複合詞有了意義，但是實際上，這個解釋是很牽強的，在解釋這些山脈對於早期中國人所具有的特殊意義方面毫無用處——早期中國人把終南山的山峰和山谷視為最有力量的天神和地祇的家。

臺灣語言學家杜而未提供了一個更為有趣的解釋。他堅持認為，「終南」和「崑崙」是兩個同詞源的詞，都來源於同一個字，這個字的意思是「月亮山」。在他的《崑崙文化與不死觀念》一書中，杜教授解釋道，中國最早的宗

1——原書中為「烏鼠山」，係作者將「鳥」字誤讀為「烏」字，以下此地名均做了訂正。

教透過「不死」的概念——這個概念是透過月亮的盈虧體現出來的——在生死之間的暗河上架起了一座橋，而崑崙—終南這列山脈，則是這個宗教的神祕中心。而且因為月亮女神住在崑崙—終南這列山脈中，於是這裡就成為某些人前來試圖接近月亮的神德和它的力量根源的地方。

他們不是普通的社會成員。他們也不像普通人那樣進山。他們走著「禹步」（the Walk of Yu），像一隻受傷的野獸那樣，拖著一隻腳，以喚起山神的同情。像大禹一樣——「禹步」就是根據他的名字命名的——他們是薩滿[2]，而崑崙—終南這列山脈，是人們所知的他們最早的家。

默西亞·埃利亞德在《宗教百科全書》（*Encyclopedia of Religion*）一書關於薩滿教的章節中寫道：「在整個包括中亞和北亞在內的廣大區域中，社會的巫術和宗教生活集中在薩滿身上。」（第十三卷，第二〇二頁）埃利亞德說，在這樣的社會中，出神或附體的狀態被認為是最高的宗教體驗，而薩滿是這種宗教體驗的行家裡手。在出神狀態中，薩滿離開他的身體，穿過一系列天國，與各種各樣的精靈打交道，為他所在團體的福利而搜尋和積累知識。他透過提供與精神世界的聯繫以及帶回在那裡所獲取的知識，幫助他的團體抵禦黑暗。但

2——Shamans，即中國古代的巫師。

是與此同時，他又生活在他所保護的團體之外。

根據埃利亞德所說，一個被稱為薩滿的人，「尋求著孤獨，變得心不在焉，喜歡在森林裡或人跡罕至的地方漫遊，有幻覺，在睡眠中唱著歌兒」（出處同上）。假如這段話不是描述薩滿學徒入門時期的出神狀態的話，那麼它也很可以適用於遵循隱士傳統的人。在古代中國，這兩者是緊密聯繫著的。

在追尋它們的淵源的時候，有一篇最早、也是最重要的文章，它記載了夏朝皇帝、同時也是薩滿的啟，進入崑崙－終南這列山脈並乘雙龍飛走的故事。啟還從天上學得了哀歌體詩歌，以後的薩滿詩人們，在諸如《楚辭》這樣的著作中，一直都使用著這種體裁。

啟是另外一位薩滿——大禹的繼承人。在西元前二一〇〇年左右，禹建立夏朝的時候，他命令手下的官員們編纂了一本王國指南，其結果是《山海經》。後來，當國家的神祕事情愈來愈多的時候，歷代皇帝對它都有所增益。學者們懷疑這本書是否有那麼古老，他們不願意把這本書的任何一個章節劃到西元前四世紀以前。但是不管學者們對這本書的成書日期和它的真實性有什麼看法，這本精靈地理志都是一個薩滿教知識的寶庫。遠在這些知識被記錄下來之前，它們一定已經口頭流傳很久了。

這部書關於西部群山的章節，始於三門峽南面的那些山，然後向西沿著終南山和崑崙山一直到達喬戈里峰，並且超過了喬戈里峰。在它們神祕的群峰中，坐落著帝（天神中之最高者）在塵世的都城，那兒還有西王母（月亮女神，長生不死藥的施與者）的家。另外還有一些山，薩滿們在那裡收集配料，自己煉製長生不死藥，並飛升上天；在那裡，死得早的人也要活上八百年。在此期間，他們隨心所欲，盡情享受；那裡是太陽和月亮睡覺的地方；在那裡，一切都是可能的；那裡的動物奇形怪狀，令人難以置信，無法描述。

近期的考古發現提供了更多的依據，反映出薩滿教遠比人們此前認識到的要重要得多，而終南山以北的丘陵和平原，則是薩滿教在中國最早的家。考古學家張光啟（音譯）認為，薩滿教派是早期中國文明的最重要的組成部分。不過，張還說，為了與精神世界進行交流，薩滿們通常需要一點幫助，在這方面，性和酒很重要，還有藥物。

在蘭州南面，離鳥鼠山不遠，有一個新石器時期的村落。在那裡，考古學家們發現了一個陶罐，裡面裝著已經炭化了的人工栽培的大麻的芽。古植物學家李慧林認為，大麻的栽培最初起源於這一地區。在這裡，它既被當作一種紡織纖維來使用，同時又被當作一種藥物來使用。根據李在大衛．N．柯特利編輯的《中華文明的起源》（*The Origins of Chinese Civilization*）一書中所說：「北方遊牧民族是薩滿教的奉行者，顯而易見，他們把這種植物當作一種藥物來使用，並且把它向西帶到中亞、西亞和印度等地區。在那些地方，它主要是被當作一種幻覺劑來使用，而不是一種紡織纖維。」（第三十一－三十二頁）《楚辭．大司命》中的四句詩顯示出了這種植物對於中國早期薩滿的重要性：

> 一陰兮一陽，眾莫知兮余所為。
> 折疏麻兮瑤華，將以遺兮離居。

在發現大麻的地方，人們做了一次放射性碳測驗，測出這個遺址已有五千多年了。在同一處遺址，考古學家還發現了一把顯然是用於祭祀儀式的青銅刀。它不僅說明迄今為止所發現的最早的青銅製品屬於中國，而且反映出薩滿教非常重要——它可以使用某些特殊的器具，而其他世俗的儀式或異教的儀式則不可以使用。

關於薩滿教在中國的發展，還有一個更為重要的發現，這個發現在終南山的另一端。在西安東面六公里處，有一個新石器時代的半坡遺址，在該遺址所發掘出的各種文物中，有中國最早的文字形式以及薩滿教藝術最早的例證：一個薩滿的魚精面具，還有一個看起來像是雙龍雛形的東西——在天國旅行的過程中，中國薩滿是要借助於雙龍的。

在整個西元前第五個千年內，或者說七千年以前，半坡遺址一直持續有人居住。它是中國仰韶文化最好的例證之一。仰紹文化之後，有西元前第三個千年的龍山文化。當大禹在將近西元前第三個千年末創建夏朝的時候，他和他的大臣們只能是在仰紹－龍山文化的基礎上編纂了《山海經》——這部通向神聖世界的薩滿指南。儘管在半坡和其他仰韶－龍山文化遺址所出土的文物不能確證什麼，但是至少我們可以據此推斷：不遲於西元前第五個千年，有人要離開這個塵世的王國去與神靈的世界進行交流，而且他（她）這樣做是在終南山附近。

那麼薩滿是怎樣變成隱士的呢？直到西元前第三個千年末，薩滿在中國新石器時期的文化中，還一直占據著重要的位置。但是，在西元前第三個和第二個千年中，也就是在最初的朝代國家時期，都市化和社會階級分化成為這些朝代國家的主要特徵。都市化和社會階級分化的出現，導致了薩滿這樣的個體的生存危機。伴隨著都市化和社會階級分化的發展，做決策的過程變得愈來愈官僚主義化，而這種變化使薩滿們的地位日益遭到懷疑。在《古代中國的思維世界》（*The World of Thought in Ancient China*）一書中，本傑明．施瓦茨對新石器時期社會（這個社會正在進化成為一種高級文明）中的薩滿的模糊角色進行了總結和概括：

默西亞．埃利亞德是從這個角度出發來定義薩滿的：他（她）透過出神或附體的經驗而擁有使他（她）的靈魂掙脫肉體束縛的力量，以便直接與神靈進行交流。薩滿也許會在神靈的世界裡漫遊，也許會透過類似於出神的程序忍受神靈的占有（指附體）。邁斯派羅認為——我相信他是正確的——在這漫長的過程中，薩滿教不能適應中國正在形成的國家宗教。這種宗教不可能對一種獨立的宗教力量（指薩滿教）有好感。薩滿教是直接透過出神經驗來接近神靈的，而這被認為是僭越了官方所支持的與神靈進行交流的禮儀渠道。（第三十六頁）

薩滿的影響被官僚的影響遮蔽了。透過分析西元前第二個千年的甲骨文，董作賓指出，當時對神靈的信仰一直在持續削弱，而對自然神和神話祖先的祭祀正在逐步消失。與神靈的交流儀式變得如此公式化，以致藥酒剛剛被薩滿喝下，就被他的官僚繼承人吐出來了。這種公式化決定了薩滿教在宮廷中的命運——在宮廷中，薩滿教與神靈的交流過程，被禮儀性的行為舉止取

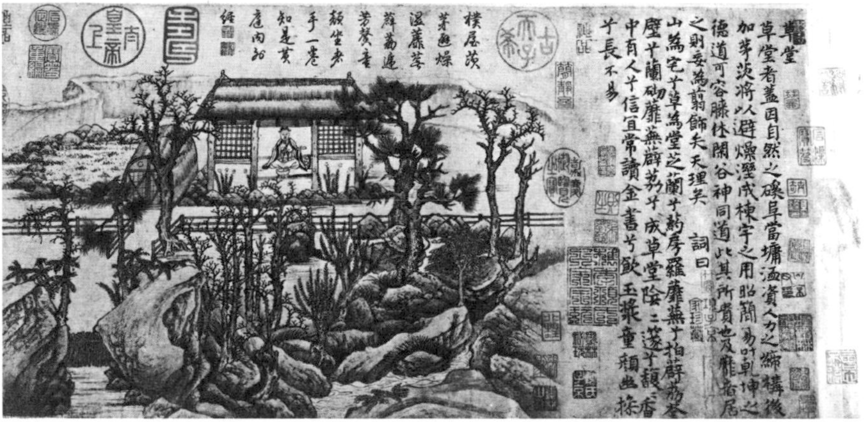

隱士的茅篷（草堂）。八世紀盧鴻作。這是畫者隱居嵩山時創作的十幅畫作中的第一幅。嵩山是終南山最東面的支脈。

代了。人們認為，這些行為舉止本身就是靈驗的，殊不知它卻已經被從它的根——薩滿教上切下來了。

隨著文明的發展，薩滿們開始變得與群山親密起來，而不是與城市中心。《山海經》告訴了我們這些薩滿中某些人的名字，他們中最重要的人物正是住在崑崙－終南這列山脈中。這就是一直延續到今天的隱士傳統的開端。

隱士傳統之所以能夠延續，是因為中國人一向尊重過去，而隱士則保持了那個「過去」最重要的因素——它的精神傳統。隨著文明的發展，這個傳統既沒有被遺失，也沒有被遺忘。恰恰相反，在中國，隱士一直是人們最尊敬的人，因為隱士是聖賢。他們能夠看到其他人看不到的東西，聽到其他人聽不到的聲音。

當皇帝、國王、部落首領和早期中國文化的領導者要與自然力量以及城牆外、人心中的神進行交流的時候，他們就會轉向隱士。隱士能夠與天對話。他們諳熟天的種種跡象，他們說著天上的語言。隱士是薩滿和神、草藥師和外科醫生、冥陽之事的行家。他們的世界要比被牆圍住了的城市世界大得多。隱士不受幻想和習俗強加於人的各種價值觀念的左右，他們一直是中國社會必不可少的組成部分，因為他們承載了中國文化最古老的價值觀。如果沒有異議的話，他們代表著中國神話傳說中的過去，而這個過去沒有比在月亮山的各種面孔中表現得更為明顯了——不管它是叫崑崙山、終南山，還是只叫南山。在《詩經》中，有一篇祈禱文表達了對南山的敬意：

如月之恆，如日之升，
如南山之壽，不騫不崩。

第　三　章

舉世皆濁

儘管隱士傳統是中國社會一個必不可少的組成部分，但是直到西元三世紀末，中國官員才開始費心思去傳講隱士的貢獻。《後漢書》裡有一章是專門講隱士的，作者是這樣開頭的：

或隱居以求其志，或曲避以全其道，或靜己以鎮其躁，或去危以圖其安，或垢俗以動其概，或疵物以激其清。

作者繼續解釋說，除了個體之間的這些差異之外，所有的人都有一個共同、不變的目標，那就是修道。對他們來說，道是通向塵囂之外的。雖然孔夫子同意「道不行矣」，但是他仍然待在塵囂裡，因為他認為，作為一個敬道的人，說服那些當權者「為政以德」是他的責任。那些為政以德的人就好比北極星，世界會圍繞著他而和諧地旋轉（「譬如北辰，居其所而眾星共之」）。

不是每個人都是這樣樂觀的。楚狂接輿佯狂以避世自保，他曾經從孔子身邊走過，作歌曰：

> 鳳兮，鳳兮！何德之衰？往者不可諫，來者猶可追。已而，已而！今之從政者殆而！
>
> ——《論語》第十八章

對於一部分人來說，修道意味著孤獨的生活，而對另外一部分人來說，則意味著從政生涯。不管一個特定的個體可能會做出什麼樣的選擇，在整個中國歷史上，關於這兩種選擇之間的辯論是永無休止的。在《楚辭》裡，〈漁父〉繼續著這場辯論：

> 屈原既放，游於江潭，行吟澤畔，顏色憔悴，形容枯槁。漁父見而問之曰：「子非三閭大夫與？何故至於斯？」
>
> 屈原曰：「舉世皆濁我獨清，眾人皆醉我獨醒，是以見放。」
>
> 漁父曰：「聖人不凝滯於物，而能與世推移。世人皆濁，何不淈其泥而揚其波？眾人皆醉，何不餔其糟而歠其釃？何故深思高舉，自令放為？」

屈原曰：「吾聞之：新沐者必彈冠，新浴者必振衣；安能以身之察察，受物之汶汶者乎？寧赴湘流，葬於江魚之腹中。安能以皓皓之白，而蒙世俗之塵埃乎？」

漁父莞爾而笑，鼓枻而去，乃歌曰：「滄浪之水清兮，可以濯吾纓；滄浪之水濁兮，可以濯吾足。」遂去，不復與言。

屈原是中國歷史上第一位偉大的詩人。大約西元前三百年左右，他以三閭大夫的身分供職於楚國宮廷。在楚國附近，有滄浪河流過。由於批評了楚王的過失，以及遭到同僚的誹謗，屈原被流放到長江南岸的沼澤地帶。就在那裡，當他正沿著湘江岸邊行走的時候，那位漁父遇見了他。屈原對楚王的昏聵感到失望，又不可能繼續從政，所以他的前途怎麼樣，應該是顯而易見的了。在《離騷》裡，他寫道：

何離心之可同兮，吾將遠逝以自疏。
邅吾道夫崑崙兮，路修遠以周流。

但是屈原沒能成為一位隱士。他也從來沒有到達過崑崙—終南山一帶。他拒絕了漁父的建議，就在汨羅江注入湘江入口處的東面，跳進了汨羅江。

每年的陰曆五月初五，中國人仍然划著龍舟去撈救屈原。人們往水裡扔粽子，好讓魚龍亂作一團，以爭取時間，使龍舟能夠追上屈原。但是，不管人們怎樣努力，詩人依舊年年沉水——只苦了中國的江河，變得愈來愈混濁了。

道德和政治之間的矛盾是隱士傳統的核心。如果說，屈原發現了要如自己所願解決這兩者之間的矛盾很困難，那麼應該說，他不是唯一有這種感覺的人。在屈原投江之前八百年，有一對兄弟也面臨著同樣的問題。他們的名字是伯夷和叔齊。當伯夷和叔齊聽說新建立的周朝的創建者不但反叛自己的君主，而且還沒有如禮安葬自己的父親就起兵遠伐的時候，他們厭惡地拂袖而去，遷居到了首陽山。他們就是這樣堅持自己的原則的。

首陽山在黃河北岸，在終南山東端的對面，離舜（堯所選擇的繼承自己王位的人）即位前的隱居地不遠。舜以忠孝聞名，而這兩種品質為伯夷和叔齊所敬重。但是與舜不同，這對兄弟沒有遇到欣賞他們這種品質的明君。在隱居期間，他們停止食周粟，而靠喝鹿奶和吃薇菜維生，這種做法讓批評者無從置喙。最後他們餓死了。司馬遷在他們的傳記裡提到，為了抵禦飢餓，分散注意力，他們經常唱下面這首歌：

登彼西山兮，采其薇矣。以暴易暴兮，不知其非矣。神農、虞、夏忽焉沒兮，我安適歸矣？于嗟徂兮，命之衰矣！

在《論語》裡，孔子評論說：「齊景公有馬千駟，死之日，民無德而稱焉。伯夷、叔齊餓於首陽之下，民到於今稱之。」（第十六章）孟子（約西元前三七一－西元前二八九年）稱伯夷為「聖之清者」。然而在稱讚這對兄弟的同時，孔子和孟子告訴他們的弟子，這樣的做法太死板了，不值得仿效。毫無疑問，孔子和孟子是會仕周的。

不過，不是所有的求道者都把從政和隱居之間的界限劃分得如此涇渭分明。張良和諸葛亮就是這樣的兩個人。

張良的祖先世代為韓國（今河南省）的大臣。西元前二三〇年，在秦統一全中國的進程中，韓國被吞併了。作為孝子忠臣，張良發誓要為家族和國家的榮譽而復仇。但是為了確保他能夠活得足夠長，以實現這一抱負，開始的時候，他隱居到了山裡。在隱居期間，他遇到了一位老人，老人對他謙恭的品質進行了考驗。這位老人看起來像是一位道教的神仙，他獎給張良一卷失傳已久的呂尚的《太公兵法》。事實證明張良確實是一個聰明的學生——走出隱居生活以後，他幫助劉邦推翻了秦朝，創建了漢朝。

為了表達對張良的感激，新皇帝願意賜給張良他想要的任何一塊封地，於是張良選擇了終南山南坡的留壩。然後張良宣布了他的意圖：他要從世俗事務中抽身引退。之後他開始辟穀，並且練習調息，希望能使自己變得足夠輕，好飛升上天。西元前一八七年，他終於這樣做了。

在此以前，當張良還在隱居和研究呂尚兵法的時候，新建立的秦朝開始徵召全國的士人。然而，秦朝的統治是以殘暴而聞名的，所以有四位朋友拒絕應召，他們是東園公、甪里先生、綺里季和夏黃公（商山四皓）。商山四皓很有名望，他們拒絕背棄自己的原則，因此隱居到終南山南面的商山。在那裡，他們靠採集草藥為生。根據《漢書》[1]記載，他們經常唱這首歌以自娛：

1——應為晉代皇甫謐的《高士傳》。

莫莫高山，深谷逶迤。曄曄紫芝，可以療飢。
唐虞世遠，吾將何歸？駟馬高蓋，其憂甚大。
富貴之畏人，不如貧賤之肆志。

儘管他們一直過著隱居生活，卻聲名遠播。秦始皇曾試圖引誘他們出山，劉邦也這樣做過，可是都失敗了。後來，當劉邦將要廢太子而代之以寵妃之子時，呂后向張良求助。她採納了張良的建議，說服了商山四皓，使他們相信太子把智慧和謙恭看得比財富和權力更重要。商山四皓來到都城，陪侍太子入宮。當高祖看到太子已經成功地贏得了這些人的敬重的時候，他改變了廢太子的主意，並且叮囑商山四皓好好輔佐他的兒子。

另一個更為著名的例子是隱士諸葛亮。他結束了隱居生涯，而去輔佐一位明主。諸葛亮生於西元一八一年，當時全國各地戰亂紛起。諸葛亮年輕的時候，就搬到了荊州（在今湖北省）城外的一座小村莊裡，以逃避亂世。之後他在那裡隱居了十年，並且拜另一位著名的隱士司馬徽為師。

商山四皓，十六世紀謝時臣作

在這段混亂的時期裡，漢朝統治者失去了中央集權，大權旁落到曹操領導的一夥將軍手裡，地方豪強也紛紛建立自己的政權。當時以荊州（屈原被流放前曾經供職過的地方）為中心，就有這樣一個割據政權。西元二〇一年，劉備為躲避曹操也逃到此處。劉備是漢室的一個遠親，他已經招募了一批人馬，以圖恢復漢朝的統治。但是他還缺少一個深謀遠慮的軍師。

當劉備聽說諸葛亮可能是這樣一位人選的時候，他決定親自去拜訪諸葛亮。可是就像有時候會發生的那樣，即使是作為大人物去拜訪隱士，劉備還是不得不三顧茅廬，才得到了諸葛亮的接見。當這兩個人終於會面的時候，劉備對諸葛亮的雄才大略留下了如此深刻的印象，以至於他乞求諸葛亮結束隱居生涯，去扶助他安邦定國。諸葛亮同意了。

在此後的歲月裡，諸葛亮的所作所為，證明了他無疑是中國歷史上空前的、最偉大的謀略家。有一次，他指揮一支僅兩千人的隊伍趕走了一支二十萬人的軍隊。中國人當中，很少有人沒讀過《三國演義》，很少有人不知道諸葛亮的豐功偉績的。西元二三四年，在西安西面終南山麓丘陵地帶的一場戰役中，諸葛亮因病去世。他去世的那天，一顆流星落在他的軍營附近。這顆隕石後來被人們鑲嵌在武侯祠的牆上——至今武侯祠仍在俯瞰著諸葛亮和那座流星隕落於其中的山谷。

關於如何處理隱居和從政之間的矛盾問題，諸葛亮在去世之前，曾經給他的兒子留下了一紙〈誡子篇〉：

夫君子之行，靜以修身，儉以養德。非澹泊無以明志，非寧靜無以致遠。夫學須靜也，才須學也，非學無以廣才，非志無以成學，淫漫則不能勵精，險躁則不能治性，年與時馳，意與日去，遂成枯落，多不接世，悲守窮廬，將復何及！

修道者之間的主要差別就在這一點上：從政還是不從政，韜光養晦還是大放異彩——假定事實如馬修．阿諾德所言：「人是有光明的」。這個差別與其說是一個哲學問題，還不如說是性格和個人感覺的問題。目標總是保持不變的：把道德原則運用到人事上去。孔夫子、屈原、伯夷和叔齊、商山四皓、張良以及諸葛亮都是這樣做的。要理解這些道德原則，一段時間的隱居生活被認為是

山與松

必要的。但是有時候隱居會持續一生，不過它的目標仍然是在世間建立和諧、擴展和諧。

隱居和從政被看作是月亮的黑暗和光明，不可分而又互補。隱士和官員常常是同一個人，只是在他生命中的不同時期，有時候是隱士、有時候是官員罷了。在中國，從來沒有體驗過精神上的寧靜和專注而專事追名逐利的官員，是不受人尊重的。中國人一直把隱士視為最重要的社會恩人中的一個族群，因此，不管他們的修道追求看起來多麼不同尋常和消極遁世，中國人都是持鼓勵的態度，而不是潑冷水。不管隱士是否走出隱居生活去從政，他們對於整個文化都產生了巨大的影響。他們是一泓泓「純粹的思考」和「純粹的生活」的源泉，遲早會找到合適的渠道，流向城市的。

當中國第一位偉大的詩人從宮廷中被放逐出來的時候，他自沉而葬身於魚腹；中國第二位偉大的詩人陶淵明則還沒有等到任期結束，就隱居到了鄉下。在中國，隱士們有一種解脫自在的精神，即保持心靈、而不是身體遠離城市的塵囂。這種精神，陶淵明在他的組詩〈飲酒〉之五中，為我們提供了一瞥：

結廬在人境，而無車馬喧。問君何能爾，心遠地自偏。
採菊東籬下，悠然見南山。山氣日夕佳，飛鳥相與還。
此中有真意，欲辨已忘言。

隱士是中國保存得最好的祕密之一，他們象徵著這個國家很多最神祕的東西。他們那種化機巧為無心的返樸歸真的智慧，沒有比在中國最早的隱士傳記《高士傳》的開頭部分記載得更清楚了：

堯之師曰許由，許由之師曰齧缺，齧缺之師曰王倪，王倪之師曰被衣。齧缺問道乎被衣，被衣曰：「若正汝形，一汝視，天和將至。攝汝知，一汝度，神將來舍。德將為汝美，道將為汝居，汝瞳焉如新生之犢，而心無求其故。」言未卒，齧缺睡寐。被衣大悅，行歌而去之，曰：

形若槁骸，心若死灰，真其實知，不以故自持。媒媒晦晦，無心而不可與謀，彼何人哉！

第　四　章

訪道

當中國人開始把他們對宇宙的理解寫成文字的時候，他們有一個通用的字，這個字就是「道」。「道」的意思是「道路」，它的引申意思是「生活道路」。但是最開始的時候，「道」並不是旅行家或哲學家的用武之地，而是部落薩滿的專利。薩滿們維持著生者和亡者之間的聯繫，他們認為，這種聯繫沒有比在月亮的盈虧——也即陰陽上體現得更清楚了。

根據杜而未教授的語言學分析和文本分析，「道」這個字最初是指月相。中國最早的道教徒就是拜月的男女薩滿，他們利用自己靈魂飛行的力量，去探索月亮永恆更生、亙古長存的祕密。在中國早期的薩滿和他們的道教繼承者們看來，太陽是永恆不變的。在變化的世界裡，月亮掌握著所有的祕密。所以，探索道的祕密就是探索月亮的祕密。而要探索月亮的祕密，就要住在月亮神居住的地方，也即生活在城牆之外——因為那些城牆是人們修建起來以阻擋變化的。

將近五千年前的某一天，在中國西北的群山裡，黃帝遇到了中國一位早期的道教徒，他的名字叫廣成子。在他們晤談期間，黃帝向廣成子請教長生不死的祕密。廣成子的回答被記載在兩千年以後的《莊子》一書中：

必靜必清，無勞汝形，無搖汝精，乃可以長生。目無所見，耳無所聞，心無所知，汝神將守形，形乃長生。慎汝內，閉汝外，多知為敗。

——《莊子・在宥》第十一

黃帝從廣成子和其他生活在中國早期文明邊緣的人那裡，學到了道家修行的祕訣。在黃帝統治的百年期間，他反過來又將道教傳遍了中國北方。與此同時，他也為中國公共文化傳統奠定了基礎。每年四月初，在中國人專門留出來為祖先掃墓的那一天（清明節），中國西北的政府高級官員們仍然要祭拜黃帝墓，以表達他們對黃帝的敬意。因為黃帝被認為是中國文化和道教的創始人。

儘管像道教這樣一個散漫的宗教很難說有什麼創建者，但是人們仍然把它歸於黃帝的名下，一來是為了顯示道教的古老性，二來是為了把道教的發展與中國最早的文化英雄聯繫起來。但是儘管道教可能在黃帝那裡孕育過，可是在接下來的兩千年裡，它仍然保持著胚胎的形式，直到老子在終南山逗留了很長一段時間以後，才由他把這個孩子交到尹喜的手上。

西元前一百年左右，當司馬遷撰寫《史記》的時候，以及西元一百年左右，班固編纂《漢書》的時候，他們給很多觀點極其相左的軍師、政治思想家、文學人物和哲學家都貼上了道教的標籤。最開始的時候，道大得足以含容天下萬物。在這段「大道」期間，中國最早的歷史學家們將老子列於此類人物之首。

與傳說中的道教創始人黃帝的情形一樣，老子無疑也是在傳播著過去曾經由其他人表述過的智慧。比方說，老子的觀點常常被用「無為」這個詞來概括。但是兩千年前，在黃帝消失於雲間之後不久，據說舜帝僅僅透過面南就實現了他對中國北方各部落的統治。不過，將這種智慧用語言表達出來，這個榮譽還是應該歸於老子——儘管連老子自己都承認，這種語言實際上無法表達出道的玄之又玄。當然，把老子當作自己始祖的道教徒們宣稱，老子所教導的遠遠不止於無為，他還教給人們修行的祕訣。這種祕訣向來都是透過師父的口頭指點以及借助晦澀難懂的經文傳授給弟子的。那些經文如果不經過師父的指點，人們根本就看不懂。

根據最早的老子傳記，他出生於西元前六〇四年，一生下來就已經鬚髮皓白了。後來他供職於東周都城洛陽，為周王室作守藏室的史官。老子學識淵博，他所掌握的學問中，有一門不尋常的學問就是「禮」。但是對於精神上與薩滿一脈相承的人來說，這門學問也並非有什麼特別了不起的。老子八十八歲的時候，年輕的孔子為了增長古代禮儀方面的學識，特地從魯國趕到洛陽來拜訪他。在《史記》裡，司馬遷記下了老子對來客的忠告：

子所言者，其人與骨皆已朽矣，獨其言在耳。且君子得其時則駕，不得其時則蓬累而行。吾聞之，良賈深藏若虛；君子盛德，容貌若愚。去子之驕氣與多欲，態色與淫志，是皆無益於子之身。吾所以告子，若是而已。

老子與孔子會面的故事，還分別以不同的形式記載在《莊子》和其他早期的道教經典裡。除此之外，我們所知道的關於老子的唯一一個另外的訊息，就是老子消失在終南山的故事。

周朝遷都，從渭河平原向東遷到黃河平原邊緣，標誌著歷史學家所謂的東周的開始，以及周王朝權力的衰落。隨著周王朝統治權力的衰落，它的統治者們相應地也顯示出了道德品質的日益敗壞。此時他們名義上還是各諸侯國的主人——那些小國的諸侯們同樣缺乏懿德，卻在爭先恐後地試圖建立新的霸權。與孔子會面之後不久，老子決定遵行夙願，悄然騎上青牛，遠走隱退。

幾天後，老子到達函谷關。在那裡，他受到尹喜的歡迎。尹喜也是一個修道者。在此以前，尹喜在終南山的瞭望臺上，看到一朵紫色的雲在天空中從東向西飄來（紫氣東來）。他根據自己的天象知識推斷，不久將有一位聖人從這一帶經過。而後他就謀得了看守函谷關的職位——從東方來的行人一般都要經過函谷關。他認出了老子，認為老子就是他正在等候的那位聖人。老子到了以後，他馬上辭去了自己的新工作，邀請這位聖人與他一起，到他在樓觀臺的瞭望臺上去。儘管樓觀臺在函谷關西面二百五十公里處，但它與老子所走的路是同一個方向，所以這兩個人就一起到那兒去了。

關於他們的會面與旅行，我們再也不可能知道更多了。只知道最後，老子把《道德經》交到了尹喜的手上。《道德經》是道教最早的經典，迄今為止，還沒有哪一種對「道」的解釋能夠超過它。二十年前，當我剛剛開始學習古漢語的時候，《道德經》是我最喜歡的篇章之一。當我得知它是在終南山裡寫出來的時候，我決定追隨它的作者的足跡。

我們租了一輛車，雇了一位司機，開始在函谷關狹窄的道路上行進。這條路從黃河和靈寶鎮（音譯）附近終南山東端之間的黃土丘陵中穿過。路面很窄，僅能容下一輛手推車或者一頭牛。於是我們不得不走南面幾公里外新鋪的那條路。從函谷關開始，我們沿著老子走過的路線，向西經過陡峻的華山之巔和驪山溫泉，追隨著聖人，出了西安的西大門。經過一次警察檢查以後，我們在三橋鎮拐向西南方。

中國的警察就像北歐神話中的巨人。不管在哪裡，警察檢查一次，一般都要花上二十元到一百元人民幣——一百元人民幣相當於二十美元。交多少錢取決於哪些證件出了問題。幸運的是，我們司機的所有五套證件都沒有問題。

又被警察檢查過三次之後，我們到了一個叫馬王鎮的村莊，走上了村右的一條路。這條路經過一個大門，門裡鎖著幾座一九五五年出土的皇陵。這一帶是周朝的兩個都城豐和鎬的所在地。直到西元前八世紀，二都被入侵者毀滅，而為洛陽所取代。兩百年後，在老子去樓觀臺的路上，當他經過豐都和鎬都的遺址時，他一定曾經想起了人類這短暫的輝煌。在《道德經》裡，他寫道：

甚愛必大費，多藏必厚亡。

大門上有一行手寫的字跡：「遊人止步。未經許可，不得擅入。」大門沒有鎖，於是我們就進去了。周圍一個人也沒有，但是我們毫不費力就找到了要找的建築物。那座建築物裡面有一個大深坑，坑裡有兩輛考古學家撂在那裡的戰車。這兩輛戰車是陪葬品，是為周王室死後的生活服務的。門鎖著，但是透過窗戶，我們可以看到戰車的輪子和車體仍然留在原地，與六匹馬的遺骸在一起。我們沒有看到任何御者的蛛絲馬跡。從另外兩座建築物的窗戶望進去，除了空空如也的展櫃，我們什麼也沒有看見。我想起了十二年前在臺灣見到的幾百件走私的周代陶器，當時它們正透過一位與我關係較好的朋友的手，流向外國買主。幾件完好無損的、有三千年歷史的周代陶器，僅售一百美元。不幸的是，那些日子我正住在寺廟裡，手上連一百美元也沒有。

我們離開了豐都和鎬都被埋葬了的遺址，繼續向西進發。在大王鎮，我們掉頭向南，停下來接受又一次警察檢查，最後到達戶縣縣城。在縣城中心附近的一條側街上，我們停在一座展覽館前。一九五八年，中央政府開始鼓勵農民從事藝術創作和手工藝製作。從那時起，戶縣農民就成為中國最有名的畫家中的一個族群。無論什麼時候，只要農活兒不太忙，他們就會騎上自行車，來到當地的藝術中心。中心給他們提供紙、畫筆、海報畫和少得不能再少的指導。

春播還沒有開始。在展廳裡，我們遇到了這樣一位藝術家。他的名字叫洛志儉，他把他的作品拿給我們看，這些作品給我留下了深刻的印象。我問他是否畫過終南山，他說沒有，於是我請他試試。四個月後，一位臺灣朋友在戶縣逗留，拿到了那幅已經完成了的畫作——藍色的天空滋潤著藍色的群山，一條藍色的河流從群山中流瀉而出。

在戶縣，經過最後一次警察檢查之後，我們轉頭向西，渡過了澇河。十公里後，我們離開大路，向附近的一個叫祖庵村的小村莊開去。祖庵村是重陽宮的所在地。重陽宮是中國過去最著名的道教中心之一，它建於十三世紀，供奉的是道教全真派的創始人王重陽。

王重陽從軍以後不久，就看透了生命的虛幻。於是他搬到這一帶，開始修習佛教禪定。幾年後，當他在附近的終南山裡漫遊的時候，遇到了道教仙人呂洞賓和漢鍾離，並從他們那裡得到了道教方面的祕密口授。從那以後，王重陽在

戶縣農民畫〈終南勝景〉，洛志儉作

這裡度過了七年的時光。他和呂洞賓、漢鍾離三個人一起生活在一個岩洞裡。那個岩洞，王重陽稱之為「活死人墓」。在王重陽的著作裡，他把禪宗、理學和傳統的道教重點——養生三者結合了起來。西元一一七〇年，王重陽辭世。此前他成功地把自己對道的領悟，傳給了遠在山東的七位弟子。這七位弟子中的四位弟子，把他們師父的遺體運回了他過去「墳墓」的所在地。

按照儒家哀悼父母的習俗，四位弟子都在墳墓附近搭了茅屋，並且在這一帶待了三年。三年後，他們才離開這裡，去弘揚師父的教法。一二二二年，四位弟子之一的邱長春終於成功地到達了成吉思汗在中亞的軍營，並且從他那裡爭取到了一道詔書，保證全真派及其信徒在蒙古統治下的中國北方地區享有特權。從那時起，全真派就被認為是中國道教火種的主要保持者。在傳統的道教修行如煉金術、氣功和禪定之外，全真派又建立了道觀制度。

重陽宮修建之後不久，就成為中國歷史上可能是最大的宗教建築。它得到蒙古王室的支持，容納了一萬名道士和道姑。在我們參觀期間，我們所看到的，只有一座搖搖欲墜的大殿，在暗示著這座道觀昔日的輝煌，還有幾十塊石碑——或者說大石板，鑲嵌在北牆裡。這些石碑都是十三世紀的文物，其中包括王重陽和他七位弟子的肖像。陳列的石碑中還有王重陽的書法，字跡粗獷流暢，以及他的七位弟子的書法，連同蒙古文原文範本。與中國大部分具有歷史意義的宗教場所一樣，這個地方處於政府的控制之下，只除了兩位老道士在那裡看管大殿。負責管理的官員對於我們的出現持懷疑態度，所以我們一瀏覽完石碑，就離開了。

在重陽宮的西面，我們的車掉頭向南，沿著一條河往前走。村婦們正在岸邊的石板上洗衣服和床單。向南望去，可以看到這條河的源頭在終南山附近的山嶺上。走了一小段之後，我們重新回到主路上，再次向西進發。大約十五公里之後，我們在田河邊停下來。在田河寬闊的沙質河床上，有一座鬱鬱蔥蔥的小山平地凸起。這座小山就是樓觀臺，也就是《道德經》的家。

在古代，統治者們認為，掌握天道的知識對於管理國家事務是至關重要的。戰役的勝負常常得取決於天氣；而朝代的盛衰則要看彗星的尾巴。西元前十一世紀，周朝創建之後不久，據說康王曾經命人在這座小山上修建了一座瞭望臺，離豐、鎬二都騎馬要一整天的路程。西元前十世紀，穆王參觀了這個地方，並命人修建了一座祠堂。這座小山後來以「樓觀臺」而知名（也即瞭望臺

樓觀臺附近的老子像

樓觀臺

的意思），而它最著名的守望者就是尹喜。當尹喜在函谷關遇到老子以後，是他把老子帶到這兒來的。

我們過了田河，掉轉車頭向那座小山開去。車左路經一堵牆，裡面是過去皇室的宗祠。西元前二一九年，即在穆王修建了第一座祠堂之後的八百年，秦始皇也在這裡修建了一座祠堂，那是為了紀念老子的。一百年後，漢武帝亦在此處修建了一座祠堂。這個地方也曾經得到其他皇帝的垂青。但是這些早期的祠堂，沒有一座能與唐高祖修建的那座大型建築群相比。它包括五十多個獨立的建築物，是唐高祖於西元六一八年建立唐朝之後不久，命人修建的。

高祖姓李，與老子同姓，於是他的祖宗很容易就被追溯到了聖人那裡。隨後，樓觀臺也變成了皇家宗祠，被重新命名為「宗聖宮」。如今，除了記載著樓觀臺早年歷史的幾塊石碑和一棵據說是老子手植的古老的銀杏以外，在這堵嶄新的灰磚牆後，什麼也沒有。銀杏生長極其緩慢，這一棵枝幹粗壯，依然枝繁葉茂，只是它的主幹因為遭受火災而變成空心的。

看過了老子的銀杏樹以後，我們沿著一條林蔭路，繼續向上走。穿過一座小村莊，然後經過一道拱門，上書「樓觀臺森林公園」。路右是一座新近建成的、可是已經破敗不堪的兩層樓的旅館。它荒涼得就像我們剛剛在下面的路上離開的那座石碑林立的墓園。經過這座旅館，我們進了道觀大門，停下來在道觀旅館裡登記。一張床每晚十元人民幣，也即兩美元。

旅館上面是一個泥地院子，裡面也長著一棵古老的銀杏，還有一眼井。井後是一個大廳，裡面石碑林立，石碑上記載著樓觀臺週期性的復興。我們沿著一條過道穿過大廳，然後順著一條石階，沿著樓觀臺南坡，向山頂的主殿進發。據說這裡是老子給尹喜上課的地方，後來他的教導被記錄下來，就成了《道德經》。就在主殿的門內，立著兩塊刻於十三世紀晚期的石碑，上面是《道德經》中的「道經」和「德經」。

正殿面對大門，裡面供著《道德經》的作者。右首是一間偏殿，供著後期的道家哲學家莊子和列子。左首也是一間偏殿，供著太白金星，也就是傍晚出現在西方地平線上的那顆星。我停下腳步，與一位坐在石階上的道士攀談。他的名字是任法周，原來他是樓觀臺住持的助手，也是陝西省道教協會的副會長。他說，一九五八年，當他初次來到樓觀臺的時候，道士和道姑的人數已經衰減到一百五十人。新中國成立前，這裡曾經有五百多名道士和道姑。「文革」期間（一九六六至一九七六年），只有大約十二人千方百計留在了道觀裡。任法周說，紅衛兵不但趕走了道觀裡的大部分出家人，而且還摧毀了所有的建築。樓觀臺上的那些建築物，都是最近才重修起來的。

在老子殿後，我們沿著一條石階，從樓觀臺的北坡下去，來到一座與老子廟相毗鄰的祠堂。祠堂裡面供著斗姥。斗姥掌管著人的壽數，以確保人們活完分配給他們的年歲。因為我的兒子紅雲與斗姥的丈夫北斗神君的生日是同一天，所以我上了一大把香。儘管如此，它的香氣還是遠遠不及殿外桃花的芳香。

在斗姥殿後，我們沿著另一段臺階往下走，來到另一座祠堂。這裡供著虹雲公主，她是主管送子的，因此我也為女兒艾麗絲而感謝了她。

在回入口處的路上，我們沿著一條拱廊，穿過我們剛剛經過的那座院子。牆上鑲著石碑，碑上刻著昔日著名的來訪者所留下的詩歌、書法及繪畫作品。在九世紀的參觀者中，大詩人白居易留下了下面這首詩。它的開頭是一句引言，這句引言在五千言《道德經》的結尾處：

言者不知知者默，此語吾聞於老君。

下來回到主院裡，我們要了麵條。我開始瀏覽在正門那兒得到的遊客手冊。一九八二年，樓觀臺附近的土地，大約有六百四十公頃，被置於省政府森林管理局的管轄之下，種滿了竹子、黑槐、胡桃和松樹。樓觀臺位於西安城外七十公里處，乘車大約要三個小時，對於大多數旅遊者來說，它離西安有點兒太遠了。很顯然，政府正在把它變成一個森林研究中心。

閱讀遊客手冊的時候，我在想，在樓觀臺這些分散的建築群後面，它的布局意圖是什麼。此時這個念頭浮上腦海：這種安排很可能是代表三個內在的精神中心，即上、中、下三個丹田——道教徒們把他們體內的氣息循環都匯集到這三個地方。如果這個想法是正確的，那麼坐落在向北兩公里處、平原上的過去的皇家祠堂就是代表著下部的精神中心，就在肚臍下面，即下丹田；老子發表關於道的演說的那個地方附近的那座小山，就代表著中部的精神中心，在心臟附近，即中丹田；位於那座小山向南兩公里處的山上的祠堂，則象徵著上部的精神中心，在頭上，就是我們如今注意力集中的地方，即上丹田。

從院子裡開始，路變成了一段一段的磚路。最近下了很多雨，沿途路上積滿了水。一個小時後，我們遭到一群工蜂的針刺「歡迎大典」，然後終於到達煉丹爐。據說，老子動身回仙境以前，就是在這裡煉製長生不死藥的。

這座孤獨的祠堂小得僅能容納一張供桌和三把椅子。其中一把椅子上坐著一位老道姑。她說，她每天從早到晚坐在這裡，為道觀看守這座祠堂，由此可以得到麵粉和其他的生活必需品。她姓張，是河南省南陽地區的人。當我們的眼睛適應了祠堂裡的光線以後，我發現，她纏過足。纏足使得她從兒童時代起，走起路來就顫顫巍巍的了。她說，她每年只在特殊情況下，才下山一兩次。她七十九歲了，出家也已五十多年了。近二十年來，她一直過著隱居生活。開始是在西面的太白山上，最近則是在這座能夠俯視樓觀臺的山上。她說，為了修習禪定，她寧願一個人生活。但是她說冬天很冷，下雨的時候，祠堂的屋頂就漏水。沿著小路再往上走一百米，有一間小土坯房子，茅草苫的屋頂，那就是她的家。那是幾十年前另一位隱修者蓋的。

當我問及其他隱修者的時候，她說，十年前她剛到這裡的時候，這一帶確曾有過不少隱士，但是現在大部分都已經死了，或者搬到別的地方去了，還有的

住在煉丹爐的女道長

回到了寺廟或道觀裡。她說，她認識一位老和尚，住在離這裡三個山頭遠的一間茅篷裡。我估計，他是在四方臺附近的某個地方。

我很願意跟她聊天，但是我真希望自己能多懂一點兒河南方言。我們回到下面的院子裡，也就是樓觀臺的中軸線上。樓觀臺的三個精神中心坐落在一條南北軸線上，彼此之間相距兩公里。除此以外，樓觀臺還有一雙「翅膀」，各向東西方延伸出大約六公里。我所看到的這種建築式樣，使我想起了《莊子》開篇中的那隻傳說中的大鳥：

> 北冥有魚，其名為鯤。鯤之大，不知其幾千里也；化而為鳥，其名為鵬。鵬之背，不知其幾千里也；怒而飛，其翼若垂天之雲。是鳥也，海運將徙於南冥。南冥者，天池也。

「鵬」的「右翅」包括一系列建築物，它們一直延伸到一個叫西樓觀臺的地方。西安外事局的人告訴我們，西樓觀臺「太危險了」，所以不准外國人入內。我們猜想，這就是說它位於某種軍事設施的附近。可是，根據出家人所說，西樓觀臺上唯一的景致就是一座小廟和老子的墳墓。

我不知道關於老子墳墓的故事起源於何時。不過西元前一百年左右，司馬遷在撰寫這位偉大聖人的傳記時提到，老子繼續西行，經過函谷關（距離樓觀臺有兩天的行程）之後，終於消失了。道觀裡的一位道士告訴我，這兩個故事都有可能是真的。他說，道教徒委棄他們的遺兌就好像蛇蛻皮，老子離開以前，可以很容易地把束縛著他的肉體留在樓觀臺。

既然不能參觀樓觀臺的「西翊」，我們就把注意力轉移到了「東翊」上。它一直延伸到一個叫仰天池的地方。沒有人說過這個池塘或它附近的祠堂是禁止進入的。一個在正門賣麵條和香的人同意給我們當嚮導。他說，他已經有十多年沒有到過那兒了，不過他還記得路。我們從山的東坡走下去，很快就穿行在長滿了粟苗的田野裡。

在距離小山大約一公里處，我們路過一座石碑，它兀立在粟苗之間。嚮導說，原來這兒有一座大寺廟，紅衛兵占領了這個地方以後，整個寺廟都毀了，只剩下了這塊石碑。越過石碑，我們渡過了田河。之後途經一座小村莊，村莊裡都是土房。然後我們向山裡進發。

幾分鐘後，我們到達一座小山。山頂上曾經有過一座祠堂，裡面供著元始天尊。據說老子是他的一個化身。我們的嚮導在一塊石碑前點燃香和燭，然後我們繼續向前走。那塊石碑，就是那座祠堂唯一的倖存物了。

在小路上，我們遇見了幾位樵夫。其中一個人說，住在仰天池的最後一位道姑前年離開了那裡，去了遙遠的太白山的山峰上。在那裡，她可以有更多的地方種菜，以及擁有更多的孤獨。

一個小時後，我們到達鞍形山脊，然後走上一條岔路，去山頂上的一座小祠堂。這座小祠堂是八邊形的，就像道教裡八卦的形狀——八卦是指《易經》裡的八種卦象。這個地方叫「棲真亭」，據說老子在樓觀臺逗留期間，就是在這裡修習禪定的。棲真亭裡曾經供養過的所有塑像和使用過的法器，都已蕩然無存。我們下去回到鞍形山脊上，繼續走，來到附近的一個小山村裡。村裡有六戶人家，他們的屋子沿著一個長滿了燈芯草的池塘的北岸，一字排開。這個池塘，就是仰天池。

我們受到一位農夫的歡迎。他戴著一頂藍色的水手帽，雙頰如此紅潤，以至於開始我以為他是荷蘭人。他領我們從兩座農舍中間穿過，打開了那最後一位道姑前年遺棄的祠堂。祠堂裡面的牆上全是壁畫，展示了周朝的興衰，以及老子環遊世界的經歷。祠堂裡的主要塑像是玉皇大帝。在元始天尊創始萬物以後，玉皇大帝就接過了道教萬神殿的領導權。他的右邊是老子的塑像，它是用黏土做的，頭上頂著一塊紅圍巾，散發出一種古怪的韻味，與我以前所見到過的所有這位聖人的塑像都不相同。當嚮導在玉皇大帝面前點燃香燭的時候，我給老子拍了照。

「文革」前，仰天池周邊地區曾經有一座道觀，裡面居住著數量龐大的出家人。這座荒涼的小祠堂，就是那座道觀所遺留下來的一切。

農夫鎖上門以後，邀請我們到他家喝碗熱糖水。我們解完渴，他的妻子開始準備新鮮麵條，農夫則開始削馬鈴薯。於是我回到外面，點燃了一支抽剩的香菸。農舍兩側長著高高的樹，樹枝上有幾個喜鵲窩，喜鵲們在窩裡吱吱喳喳地叫著。那個池塘占去了這個村子的大部分地盤，裡面長滿了乾枯的燈芯草，正在風中瑟瑟作響。當我沿著池塘繞到對岸去的時候，驚起了兩隻青蛙，跳進水裡去了。村裡的孩子們告訴我，他們正在池塘裡捉五色魚。我想，不知道這五色魚是不是一種鮭魚，可是我所看到的，只有燈芯草。

從池塘上方向南望去，那個鞍形的山脊陡然直落而下，露出了樓觀臺後大約三十公里範圍內的大大小小的山峰。在西南大約二十公里處，我望見了兩千六百米高的四方臺峰。我用望遠鏡瀏覽了那一帶，不過它太遠了，看不到任何炊煙和茅屋的痕跡。緊挨四方臺西面的是東老君嶺。東老君嶺再向西三十公里，山嵐中的一個地方，是太白山上的那塊巨大的白石頭。太白山高三千八百公尺，是終南山的最高峰。

香菸不長，我們的嚮導也已急著要回家了。我們用麵條和馬鈴薯填飽了肚子，謝過了農夫和他妻子的盛情款待，動身回樓觀臺。下山的半路上，我們驚起了兩隻鵪鶉；沿途我們不時地停下來，去撿一些從地裡長出來的白色的小星星。到處都是桃樹，桃花盛開。回到旅館裡，我們用一桶冷水沖掉了路上出的汗。

晚上就寢前，我向當地文化事務局的官員打聽過去住在這裡的道教徒的情況。他說，已經有人編纂了一部詳細的歷史，不過還有一些編輯工作要做。大概在未來的兩年內，可望問世。

當我問及樓觀臺現在的常住的情況時，一位老道士建議我們去與住持談談。這位老道士的嘴裡只剩下一顆孤零零的、長長的牙齒，長到令人難以置信。他

觀樓臺的道士們

把附近的一個建築群指給我們看。那是一座昔日的軍營，門上還有紅五星。老道士說，為了防止破壞，這個地方已經鋪了石板，在未來五年內的某個時候，一座嶄新的大道觀將會取代這座軍營。

我們在齋堂裡找到了住持的侍者，他把我們領進一間接待室。在那裡，我們被介紹給住持任法融。任道長是鄰近的甘肅省人，留著一副長長的黑色絡腮鬍子——那種中國西北地區的人所特有的絡腮鬍子。他也是陝西省道教協會的會長。後來我從其他道士那裡了解到，他是中國最受尊敬的大師之一。

互相介紹之後，他送給我一卷他注解的老子《道德經》——正是《道德經》把我們引到樓觀臺來的。在深入終南山的過程中，我們拜訪過任道長兩次。下面是我所摘錄的兩次採訪的部分內容。現在任道長說話要謹慎得多了，不比他早先在中國道教協會的雜誌《中國道教》（一九八五年秋，第十期，第十二—十五頁）上發表文章的時候了。因此，我對他寫的評論的某些部分做了解釋，作為對他的回答的補充。

任道長看起來並不太老，因此當他說他六十歲了的時候，我吃了一驚。我問他出家多長時間了。

任：我離開家的時候十九歲。出家四十多年了。當我剛開始告訴父母的時候，他們不同意，但最終還是接受了我的決定。於是我便去龍門洞住下了——龍門洞在這裡的西北方。我在那裡待了三年。那是不容易的。但是如果你住在道觀裡，而不願意先受幾年苦，那麼沒有人肯教你。

問：「文革」期間你在這裡嗎？

任：在。最近的三十年我一直在這裡。

問：那時候發生了什麼事？

任：紅衛兵來了，摧毀了道觀，砸碎了塑像，燒毀了我們的書。他們還打出家人。他們使我們煩惱了十年。（根據任道長在《中國道教》上的報導，「文革」十年期間，陝西省幾乎所有的道觀都蒙受了極大的損失。從一九八二年起，陝西省的七十二座道觀中的十座開始部分地修復。在這十座道觀中，只有樓觀臺、華山和西安的八仙宮從政府那裡得到了經濟援助。以樓觀臺為例，這筆錢的數目是十三萬元人民幣，或者說二萬五千美元；八仙宮是十五萬元人民幣；華山的數目沒有報導。）

問：情況是從什麼時候開始改善的？

任：一九七九年，十一屆三中全會以後。從那時起，情況開始慢慢地好轉。（在任道長的報導中，他說，在新宗教政策宣布後的十年間，「左」傾思潮繼續阻礙著宗教的發展，尤其表現在接管宗教場所的問題上。他說，陝西省的問題在樓觀臺、重陽宮、華山和陝西北部的白雲山表現得尤為突出。任強調說，將宗教場所置於宗教修行者的管理之下，符合每一個人的利益，不這樣做，宗教團體就不可能達到政府所提出的自給自足的目標。）

問：道觀給住在這裡的道士和道姑們發錢嗎，以幫助他們支付個人開銷？

任：給。現在每個人每月能得到大約二十元人民幣（四美元），這筆錢從我們賣門票、香和手工藝品的收入中支出。樓觀臺的道士們則一直把修行和勞動結合在一起。我們也種菜，比如蕪菁、捲心菜和馬鈴薯。我們一年四季都穿同一套衣服。我們不需要多少錢。我們更願意用自己所賺得的一點點錢去修復道觀或買書。

問：道觀是怎麼組織的？

任：它的組織形式與佛教寺廟很相近。佛教有寺廟，道教則有道觀，而且寺廟和道觀裡不同功能區的名稱都一樣，管理機構也一樣。每一種宗教都有一個組織。我們也有一個。我們有規章制度。但是修行要取決於個人。（一九八七年，現在的中國道教協會草擬了「道觀管理規則」。允許每座道觀根據當地的具體情形來進行組織，以及透過任何不與公眾利益發生衝突的方式來養活自己。據說責任和收入都是根據民主的原則來分配的。目前道協所提出的口號是「讓每一座道觀自己養活自己」和「把道觀建成一個家」。在任道長的報導中，他指出，一九四九年以後，政府禁止發展新的出家人。一九七八年，在十一屆三中全會上，這個政策被推翻了，同年，重新建立了道教協會。從那時起，全真派的二十三個主要中心和另外兩百座小道觀都加入了道協。後來任道長告訴我，目前中國道士和道姑的數目大約有一萬人。可是，北京白雲觀裡的中國道協官員卻告訴我說，這個數目是將近三千人；中國道觀的數量大約有五百座，可是其中大部分道觀都太小了，沒有資格加入道協。）

問：在近幾十年裡，道教發生了哪些變化？

任：很多個世紀以前，中國道教分裂成全真派和正一派。全真派是北方的主要宗派，正一派在南方更為盛行。正一派是一個在家宗派，其中心是如四川、上海和江西龍虎山這樣的地方，也被稱為天師道。成員們可以結婚，可以吃肉，也可以喝酒。他們住在家裡。全真派則完全與俗世隔離開來。它的成員住在道觀裡。我們屬於全真派。像我剛才所說的，全真派在北方占主導地位，但是現在正一派更為流行。這是最大的變化。

問：哪一派控制著道協？

任：哪一派也沒有。協會裡兩派的人都有。同時既有在家信徒，也有道士、道姑。它不拒絕哪一派，也不著重強調哪一派，也不干預任何一派。協會不干預任何形式的信仰或修行。（透過對中國道協出版物的匆匆一瞥，我們可以清楚地看到，道協的高級官員和會長們大部分是全真派的出家人。）

問：如果一個人想跟某位特定的道教師父學習，師父和弟子本人就能決定這件事，還是必須要得到協會的許可？

任：人們可以做他們想做的事。協會不能干預。（根據我們與之攀談的其他道士的說法，地方道協決定弟子們可以在哪裡學習，以及道士和道姑們可以住在哪些道觀裡。）

問：現在的年輕人對出家還感興趣嗎？

任：感興趣。目前住在這裡的五十位道士中，有二十多位是三十歲以下的。

（在任道長的報導中，他提到，儘管省內各道觀年輕的出家人非常缺乏，可是政府仍然不讓想出家的年輕人在道觀裡待得太久，除非他們先遷好戶口，而遷戶口的過程總是很困難，而且常常是不可能的。他指出，這種官僚主義的束縛，使道觀很難吸引到年輕的道教徒。）

任法融道長

問：你給人上過課嗎？

任：是的，有時候。但是現在沒有太多人對道教感興趣。（任道長的報導中稱，在過去的兩年裡，定期在樓觀臺舉辦的道教班只吸引了三、四十人，而一個為期三週的氣功班——或曰「道教瑜伽」班，則吸引了三百多人，其中二百人還是從外省來的。）

問：你在向現在的人弘道的時候，有什麼問題嗎？

任：我們所遇到的最大問題是，難以找到真正相信道教的人。道教教導我們要清心寡欲，過一種寧靜的生活。願意清心寡欲或者習靜的人，在現在這個年頭，真是太少了。這是一個物欲橫流的時代。還有，現在人們學道要慢得多了。他們的心不再單純。他們太複雜了。

問：據我所知，道教很多高深的教導都是祕密的，而且只傳給有限的幾個弟子。這是真的嗎？

任：是的，在某種程度上是這樣的。一個道教師父收了一個徒弟，在他把自己所知道的一切事情都傳授給徒弟以前，可能會考驗他幾十年。而很少有徒弟有那種毅力。

問：中國現在有宗教自由嗎？

任：有。我們想怎麼修行，就可以怎麼修行。我們可以在山裡修行，也可以在城市裡修行。在道觀裡，在家裡，都可以。

問：有沒有道教徒自己在這些大山裡修行？

任：有。還是有一些人的，只是不如以前那麼多了。他們的很多茅篷都在「文革」期間被毀掉了。幾年前，住在這附近的一位隱士，在九十六歲的時候，證得了長生不死。兩年前，另一位隱士在一百四十歲的時候，羽化登仙了。我還知道有幾個人住在太白山的山腳下，但是我幾乎從來沒看見過他們。

問：你曾經隱居過嗎？

任：是的。但是不到三年。這是一種很好的體驗。所有的道教徒遲早都要獨自生活一段時間，好集中精力修行。為了修行，你不得不找一塊與世隔絕的地方，至少開始是這樣的。但是重要的是要學會靜心。一旦你能夠做到這一點了，那麼你就可以住在任何地方，甚至住在一個喧囂的城市裡。

問：我注意到很多諸如樓觀臺這樣的宗教中心已經開始吸引旅遊者了。這會影響你們的修行嗎？

任：是的。這裡不再那麼安靜了。修行要困難得多了。但是事情就是這個樣子。我們不得不利用我們能夠找到的一切支持方式來修復道觀，培養新的出家人。

問：道教修行的目標是什麼？

任：人的本性與天的本性是一致的。天生萬物，而萬物都朝不同的方向運化。但是遲早它們會回歸於同一個地方。這個宇宙的目標，它的最高目標，就是「無」。「無」的意思就是回歸。「無」是道之體。不僅人，動植物和一切生物都是這個「無」之體的一部分，都是由這個「無」之體所構成的。一切事物與「無」都是一體的。宇宙間再沒有第二個東西。實證這一點，不僅是道教的目標，也是佛教的目標。世界上的一切都在變化。道教徒和佛教徒尋求的是不變的東西。這就是他們不追名逐利的原因。他們尋求的只是「道」，就是我們生於斯、回歸於斯的那個「無」。我們的目標就是要與這個自然的過程融為一體。

問：一個人怎樣才能達到這個目標呢？

任：這個事情是分階段的。成功有多種層次，達到目標是很難的。但是一旦你把這個作為自己的目標，那麼你就要不停地走，一步一步地，一個臺階一個臺階地。每個人的能力是不同的，但目標是一致的。這個目標就是成仙，回歸道之體。只要你修行，最終一定會成功。在佛教裡，覺悟是主要目標；在道教裡，覺悟是次要的。覺悟後你還要繼續修行，直到你逐漸地、非常自然地與道融為一體。如果你此生沒有成功，那麼你下一輩子還有機會。但是不修行的人就沒有機會，他們的生命就此終結了。道教修行就是要修成一個長生不死之身，臨終時它會從肉體中分離出來。你可以參觀一下老子墓。他成仙的時候，把自己的骨骸留在了那裡。我們的目標與他的目標是一樣的，就是要與道融為一體。

問：一定要出家嗎？

任：重要的是要過一種合乎正道的生活。要做到這一點，不一定非要出家。如果你不持戒，出家沒有任何好處。持戒很重要。但是任何人，只要他過著一種合乎正道的生活，都能夠做到這一點。這是修行的基礎。戒律就是你自己對自己的要求。戒律使修行成為可能。如果你對自己不作要求，修行就會一無所獲。

問：現在修行的方式有變化嗎？

任：沒有，現在的修行方式與老子時候的一樣。人沒有變，道也沒有變。我們的生活方式，我們的修定方式，我們的養生方式，仍然是一樣的。

問：老子在道教中的地位究竟是怎麼樣的呢？很多人把他當成一位哲學家，

而不是一個宗教的創始人。

任：那是現代的觀點。但老子與宗教是不可分的。中國人一直信道，這種信仰促使他們發展出了各種各樣的宗教修行方式。你認為老子會口中談道而不信道或修道嗎？他知道，宇宙中的一切都來自於道，離開道是不可能的。那時候還沒有一個有組織的宗教，但道是一樣的。

通往煉丹爐的路

第　五　章

鶴之聲

如道教徒所宣稱的，道教的歷史形態可能起源於終南山西端的樓觀臺。可是它的史前形式，卻遠在很早以前，就已在終南山東端的華山上興盛了。對於道教徒來說，華山的意義甚至要超出史前時期，一直回溯到萬物創始的時候。

太初時，混沌分化成陰和陽。陰陽再次分化，成為老陰、老陽和少陰、少陽。這四種力量交互作用，產生了各種各樣的生命。其中第一個生命就是盤古。盤古一生下來，就拾起一把錘子和一只鑿子，用他畢生的精力去開天闢地——也就是如今我們大家居住於其中的這個空間。他不是花了七天，而是花了一萬八千年。當他終於倒在地上死去的時候，他的軀體化作了五嶽：他的頭化作東嶽，他的手臂化作北嶽和南嶽，他的腹部化作中嶽，他的腳化作了西嶽。

經過幾千年的風化之後，盤古的腳逐漸變得像一朵石頭葉子上開出的花，因此早期的中國人把西嶽稱為「華山」——花山。它開在中國最早的部落文明的中心地帶，直到現在，中國人仍然喜歡稱自己為「華人」。這一稱呼表明了這座山對於他們的祖先曾經有過多麼重大的意義。

華山風光

華山有一股特殊的力量，從而贏得了人們的尊重。它的外形在群山中是獨一無二的。要攀登它需要巨大的勇氣和巨大的欲望——不是肉體的欲望，而是精神的欲望。因為華山是中國最早的精神中心之一，是薩滿們來尋夢的地方。黃帝就是這樣一位薩滿，他爬過幾次華山，去與神人們交談。西元前二六〇〇年左右，黃帝乘龍回歸仙班，他在塵世間作為中國北方部落聯盟首領的權力，傳到了白帝的手中。

儘管白帝把他的宮廷遠遠地建到了黃河沖積平原的東部，但是他的後裔中的一支，還是遷移到了華山附近，而且開始定期祭祀過去在這裡的、他們受人尊敬的祖先。在隨後的幾個世紀中，聖人皇帝堯、舜、禹都曾經遊覽過華山。《莊子》中記載了西元前二四〇〇年左右堯的一次行幸。在這次行幸中，祭祀中心的管理人員（封人）諷勸這位聖人皇帝，不要因為自己為他祈禱多子、多壽、多財而擔憂：

始也，我以汝為聖人邪，今然君子也。天生萬民，必授之職。多男子而授之職，則何懼之有？富而使人分之，則何事之有？夫聖人，鶉居而鷇食，鳥行而無彰，天下有道，則與物皆昌；天下無道，則修德就閒。千歲厭世，去而上仙，乘彼白雲，至於帝鄉，三患莫至，身常無殃，則何辱之有？

——《莊子・天地》第十二

這位管理者——這位華山道人，諷諫堯的地方，叫做「華峰」，就在今日的華陰縣城東面大約三公里處。不幸的是，這座過去的祭祀中心的最後一批文物，毀於一九五八年「大躍進」運動。從那時起，這裡又發掘出了新石器時代的遺址，現在這個地方就以新石器時代的遺址而聞名了。另外還有兩座祠堂，也銷聲匿跡了。一座建於周朝初期，在華陰的南面，現在已經變成了華山高中；另外一座則建於漢代早期，本在附近的黃甫谷的入口處，已在幾個世紀以前被洪水沖走了。

第四座祠堂、也是最後一座祠堂，建於西元一六〇年左右，就在華陰的東面。它以西嶽廟而知名。別人告訴我，它是中國建築工藝的一座氣勢宏偉的紀念碑。正如我們所想像的那樣，它的主廳裡供奉著白帝。四千五百年前的某個時候，白帝的後人成為華山的守護者。除了很多建築物之外，院子裡還有一片香柏林。據說早在最初的西嶽廟修建之前，它們就已經種在這裡了。整座廟被一道圍牆圍住了，不允許外國人入內。過去的幾十年中，它一直被當成軍營來使用，這大概就是它躲過紅衛兵這一劫的原因吧。

此時正是八月中旬，雨季的中間。在西安等天放晴等了一個星期之後，我們決定抓住這個機會。經過四小時，走了一百二十公里之後，我們看見一條泥濘的山路，向華山延伸而去。在這裡，我們能夠看見藍天。

我們把衣服扔在一個廉價旅館裡，動身去探險。經過兩排旅遊工藝品店的「夾擊轟炸」之後，我們進入了玉泉院的主門。玉泉院是一座道觀，建於十一世紀中期，是為了紀念陳摶而修建的。十世紀的時候，陳摶曾經在這裡隱居。他的無極圖曾經激發了早期理學家們的靈感，除此而外，他還修習道教禪定，能夠連續數月保持一種類似於睡眠的入定狀態，並因此而名重一時。道觀西面的一座小山洞裡，至今還供奉著一尊陳摶臥像。我們只捐了一點點錢，看管大殿的老太太就讓我們進去了。我們伸手撫摸著陳摶的石頭塑像——自從西元一一〇三年被雕成以後，不知道有多少隻手曾經觸摸過它，以至於現在它看起來、摸起來都像一塊拋過光的黑玉。

附近有一座亭子，是陳摶建在一塊石頭頂上的。在這塊石頭前面，陳摶曾經扦插了四棵佛陀出生於其下的那種樹的枝條——根據一個道教故事所說，老子回歸帝鄉以後，又轉生為釋迦牟尼——現在只剩一棵還孤獨地活著。很顯然，當年紅衛兵們以為他們已經徹底清除了這四棵樹，可是眼下它們多瘤的殘幹上，又冒出了新芽。

就在主殿入口處的外面，一塊雕刻著華山圖景的石碑吸引了我們的注意。它的中間斷開了，但是我們竭盡全力仔細地去研究它，就彷彿我們能夠越過保護欄、看透它表面上的浮塵似的。如果這座山真的如圖中所繪，那麼史蒂芬和我都要減肥了。

在院基的東面，我們又一次在一塊石碑前停下來，這塊石碑緊挨著另一塊石頭。這兒是諸多的華佗墓之一。華佗是中國最偉大的醫學天才，卒於西元二〇八年，享年約九十七歲。華佗曾經在華山的一個岩洞裡生活了很多年。而且他還在這裡採集藥草——直到今天，華山還因為這些藥草而著名：山薑的特殊變種、人參、細辛和菖蒲，等等。採用針灸技術和利用以大麻為基礎的麻醉劑來進行外科手術，是華佗諸多成就中的兩項。此外，人們還把五禽戲的創建歸於

雕刻著華山圖景的石碑

他的名下，後來五禽戲奠定了中國武術的基本風格。儘管華佗一再謝絕官職，他還是被迫去給曹操治療慢性頭痛病（曹操在漢代末年篡位）。當他拒絕繼續治療的時候，曹操命人殺死了他，以防華佗向自己的眾多敵人洩露他的健康狀況。

過了華佗墓，在玉泉院的東牆外，有兩座小道觀。第一座是十二洞觀，大部分雲遊的道士都在那裡掛單。我們經過它鏽跡斑斑的大鐵門，又走了一百米，進入了仙姑觀磚木結構的大門裡。西安的一位中國朋友曾經告訴我們，這是謝道長居住的地方。我們找到他的時候，他正在床上支著身體，用一盞熱燈烤膝蓋，治療關節炎。他曾經以武功而聞名於世，現在卻連走路都有點兒困難了。他的房間裡有兩張併在一起的木板床，床上吊著一頂蚊帳（其他道士的房間也都是如此布置，他們在床上打坐、學習和睡覺）。屋裡還有兩只箱子，裝著書和衣服，以及一張桌子、兩把折疊椅和一臺新彩電（省政府因為他在保護文化方面的貢獻而贈送給他的），牆上還有一幅字，上面寫著「忍」字。互相介紹之後，我遞給謝道長一支菸，自己也點燃了一支。我們抽菸的時候，他給我講了他這一生的故事。

謝道長的父母原籍山東，在清朝歉收的年分裡，為了找活路而南遷了。他出生於安徽省，在他還只有十幾歲的時候，就出家了。經過標準的三年學徒期之後，他來到華山修行。我們會面的時候，他剛好滿八十歲，已經在華山生活六十年了。除了膝蓋有點兒關節炎之外，他的身子骨異常硬朗，心清澈得就像久雨後的天空。我向他請教道教方面的問題。

謝：老子說，要修靜和不偏不倚。要自然。自然的意思是不強求。當你自然地行事的時候，你就會得到你需要的東西。但是為了了解什麼是自然的，你必須修靜。作為一個道教中心，很久以來，華山如此出名，就是因為它安靜。過去這裡有很多隱士，但是現在這座山已經發展了旅遊業。寧靜不再，隱士也不在了。

問：他們到哪兒去了？

謝：這很難說。隱士們想一個人待著，所以不容易找到他們。他們更喜歡離群索居。他們中一部分人回到了城市。另外一些人搬進了終南山的更深處，那兒還很安靜。但是即使你找到他們，他們也可能不願意跟你說話。他們不喜歡被打擾，而是更願意坐禪。他們對談話不感興趣，可能對你說幾句話，然後就把門關上，再也不出來了。

問：但是他們要吃飯呀。他們遲早還是會出來的，不是嗎？

謝：那可不一定。有時候他們一天吃一頓，有時候三天吃一頓，有時候一個星期吃一頓。只要他們能夠滋養內在的能量，就會活得很好，而不需要食物。他們也許會入定一天、兩天、一個星期，甚至幾個星期。他們再次出來之前，你可能不得不等上很長時間。

問：他們對教導別人不感興趣嗎？

謝：感興趣。但是在你能教導別人之前，你必須先自己修行。在你教什麼東西以前，你必須先了解它。你不能只靠在書本上看到的話來解釋內在的修行。首先你必須弄明白它們是什麼意思。

問：如果人們不能跟隱士學道，那麼他們可以跟道觀裡的道士學嗎？

謝：你不可能只逛逛道觀就能學到東西。你至少要在道觀裡住上三年，而且要做日常雜務。如果你能夠忍受這分艱苦，那麼三年後，你就可以請一位道士做你的師父。這是不容易的。你必須頭腦清醒、心地純淨。就像我剛才說過的，至少要有三年的體能訓練，你的心才會變得足夠寧靜，才能夠理解道。

問：你住在山上的時候，肯定需要山下的一些東西。你是怎麼得到它們的呢？

謝：什麼東西都靠我們自己背。我歲數小一點兒的時候，經常上下山。現在，遊客們有時候會給道士錢，道士就付錢給別人，讓他們把東西背上來，這樣他們就可以專心修行了。

問：住在這兒的道教徒的數目有很大變化嗎？

謝：我剛來這兒的時候，山上有四、五十位老師父，有兩百多道士和道姑，小道士們多得數不清。現在，只有一部分人還待在這兒。

謝道長與作者在仙姑觀的臺階上

問：他們都怎麼啦？

謝：有些人死了。很多人走了。還有很多人還俗了。

問：道觀怎麼樣呢？

謝：道觀裡擠滿了遊客。什麼都變了。現在旅遊局管著道觀了。

我問謝道長，我能不能跟仙姑觀九十歲的老當家行道長談談。謝道長突然變得嚴肅起來，說這不方便。很顯然，行道長有問題——但不是健康問題。出去的路上，我們看見了行道長，他正在指點一個千里迢迢從浙江趕來的年輕人，這位年輕人要給道觀雕龍和鶴。史蒂芬和我鞠躬為禮，然後離開了。

後來，謝道長與我們在我們的旅館房間裡共進了一頓儉樸的晚餐。他說，對於道教徒來說，道教自身的發展形勢不是變得愈來愈好，而是愈來愈糟。全中國能夠稱得上大師的道士和道姑，不超過一百五十人。

兩千年前，漢代的歷史學家們說，在漢明帝統治期間，全國的人口是五千萬左右，而登記在冊的道教大師有一千三百人。換句話來說，當時全國的人口是現在的二十分之一，而道教大師的數目卻是現在的十倍。這確實是一個令人悲哀的現狀，可是很多中國人現在還把道教稱為他們的國教。

回道觀的路上，謝道長把當地可以洗熱水澡的地方的大門指給我們看。那是一個退伍軍人之家，裡面住著幾百個在中越邊境衝突中受傷的士兵。在門口，我們互相道別，謝道長拄著枴杖，蹣跚著，慢慢地走回仙姑觀。

後來，當史蒂芬和我在明亮的月光下走回旅館的時候，我想，不知道謝道長是不是過去的五千年中來到華山的那一長串道士名單上的最後一位。這串名單中有茅濛，他是兩千多年前來到華山的。他修煉到長生不死之後，大白天騎在龍背上，消失在雲間。他的後人遷移到了東部的沿海省分江蘇省，在那裡的茅山上，他們建起了中國最著名的道教中心之一。花和風是老朋友了。如果華山的種子能夠到達中國東部，那麼它們也有可能飄過大洋。

第二天早晨，史蒂芬和我一個多星期以來頭一次在陽光中醒來。我們往回走，穿過玉泉院的院子，開始徒步沿著通向頂峰的山谷往上爬。即使在連續下了一個星期的雨之後，河水還是清澈得像蕩起了漣漪的玻璃，沒有淤泥的痕跡，只有花崗岩質地的卵石和沙子。薩滿們的山水指南書——古老的《山海經》中說，華山附近的一座山中，有一種岩石，用它煮湯洗澡，能夠治療皮膚病。這條河裡的沙子看起來是如此潔白，用它似乎能夠把幻世的紅塵洗滌盡淨似的。

時值盛夏，早晨的太陽就已經熱辣辣的了。當我們開始這次登山行動的時候——後來我們才知道所花時間長達八個小時——我們很高興能夠走在山谷的樹蔭裡。幾公里以後，在娑羅坪這個地方，山谷變得開闊起來——娑羅坪是因為過去種在這裡的兩棵巨大的娑羅樹而得名的。釋迦牟尼（一些道教徒宣稱他是老子的轉世）就是在這樣的兩棵樹之間進入涅槃的。那兩棵樹過去在山谷西壁上的一個祠堂前面。附近一個旅館的管理人員告訴我們，「文革」期間，它們被砍掉了。但是地方志卻說，它們是在一八八四年的一次洪水中被沖走的。

過了河，在一個叫小上方的地方，山谷的東壁上被人鑿了很多山洞。現在洞口長滿了雜草，肯定是多年以前就已經荒棄了。再往上走較遠一些的地方，是中上方。唐朝的時候，玄宗的妹妹曾經住在其中的一個岩洞裡。再往高處去，雲霧中有個地方，是大上方的岩洞群。根據佛教旅行日記作家高鶴年的記載，一九〇四年，當他遊覽華山的時候，大、中、小三個上方都住著道教隱士。

我們繼續沿著山谷往上走，在毛女峰的山腳下，再次停了下來。毛女峰是因

古代隱士洞穴，位於娑羅坪小上方處，在通往華山頂峰的路上

為一個修道的少女而得名的。這位少女本名玉姜，曾經住在毛女峰附近的一個山洞裡。西元前二一〇年，秦始皇駕崩的時候，他的很多妃嬪被挑選出來，陪伴他長眠於地下。一些妃嬪被挑選出來供彈琴之職，玉姜即是其中之一。但是在她被帶到驪山附近秦始皇陵的前一夜，一位老太監幫助她逃到了華山。

後來，她遇到了一位道長。這位道長教她怎樣靠吃松針、飲泉水而過活，怎樣觀想與人的生命有關的北斗七星，以及怎樣走薩滿的禹步。經過這樣的修習，她的身體逐漸長滿了綠色的長毛，於是人們開始叫她毛女。從那時起，獵人們會不時地報告說，聽見了她的琴聲，或者是看見一道綠色的身影在她過去居住的山峰附近閃電般地掠過。我四下裡環顧。除了我自己站在一塊石頭上，只有一隻藍尾巴的蜥蜴正在享受著清晨的陽光。

過了毛女洞幾百米，華山山谷到了盡頭。我們來到了青柯坪，也就是東道院的所在地。這座小道院是一座古代道觀的現代版本，裡面供奉著九天玄女。根據道教傳說，她曾經教黃帝怎樣在戰爭中克敵制勝。結果，黃帝在華山西北一百公里處的涿鹿之戰中，打敗了蚩尤，成為中華文明的創始人。

青柯坪也是華山山谷入口處和頂峰之間的中點。從青柯坪到山底和山頂，都是五千五百米。但是剩下的一半是最難走的。山路看起來似乎都垂直了，而且在有一些地方，山坡的傾斜度真的達到了九十度。據傳聞，西元前三世紀，秦昭襄王為了把一棵古松從華山頂上運下來，做一只巨大的棋盤，他讓工匠們安裝了一系列的鐵鍊和梯子，這才使得凡夫得以進入華山。不過，此前薩滿和道教徒們爬華山已經爬了幾百年了——如果不是幾千年的話。

青柯坪的景象說明，當《山海經》的作者把華山描述成「削成而四方，其高五千仞」的時候，他沒有誇張。經過回心石，我們開始向高處攀登，並且很疑惑怎麼能有人不靠鐵鍊而爬到山頂上去。我走在前頭，再也沒有看見史蒂芬。直到兩個小時以後，當我回頭向下望蒼龍嶺的龍背的時候，才看到他。

唐朝時，當儒家學者兼詩人韓愈遊覽華山的時候，他爬蒼龍嶺才爬了一半，就因為恐懼而癱軟在地。像所有的學者一樣，他不論走到哪裡，從不忘隨身帶文房四寶。在絕望中，他寫了一封訣別信，把它從懸崖邊上扔下去了。最後營救的人來了，把他背下了山。從那時起，蒼龍嶺上的路就被拓寬了，並且出於安全考慮，在兩邊安裝了鐵鍊。儘管如此，當我要向下喊史蒂芬的時候，我還是突然噤了聲，被這個念頭嚇住了——我的聲音會落進深淵裡，把我與它一同帶走。

透過望遠鏡，我看見史蒂芬把幾個登山者嚇住了。他爬過鐵鍊，以得到一個更佳的角度，去拍攝華山北峰——此時北峰的岩頂正兀立在旋轉的嵐氣中。我身邊站著三位廣東來的商業藝術家，他們和我一樣，正注視著這同一幕場景。他們中的兩位使用的是油畫顏料，另一位用的是粉蠟筆。中國墨汁再也看不到了。

幾分鐘後，我到了一個拱門處，即金鎖關。它是過去登頂峰的入口，也是山路開始分岔的地方。謝道長曾經建議我們在東峰上的小旅舍中過夜。因此我選擇了左邊的岔路。幾分鐘後，我歇下來，與一位腳夫分享一個小西瓜。他靠往山上背東西謀生。他說，背的東西一般從四十公斤到五十公斤不等，每次酬金是十塊錢人民幣，也就是兩美元。我試著去掂了掂他的背包，感覺似乎有一噸重。

這兒也是橡樹和松樹林帶開始的地方。我舒展著四肢，躺在樹蔭底下，看著天上的雲，不知道從什麼地方飄來，然後又消失在無何有之鄉。聽著松濤聲，我想起了俞伯牙和鍾子期。不管什麼時候伯牙彈琴，子期總能知道伯牙心裡在想什麼：時而高山，時而流水。子期死後，伯牙摔了琴，而且從此以後再也沒有彈過。我想，風現在想的，是高山吧。

最後，我終於站了起來，去爬中峰剩下的路。像北峰一樣，與其說它是一座山峰，還不如說它是一個山岬。其實華山只有三座真正的山峰，但是出於命理學的原因，中峰和北峰也常常被包括在裡面。道教徒們喜歡運用五行的概念：金、木、水、火、土；白、青、黑、紅、黃；西、東、北、南、中。

因為秦穆公的女兒之故，中峰也被稱作玉女峰。兩千六百年前，秦穆公的女兒（弄玉）和她的丈夫一起來到華山。她的丈夫叫蕭史，擅長吹簫。在華山上住了幾十年以後，她和丈夫喝下了一種玉液調製的長生不老藥，飛回仙鄉去了。為了紀念他的女兒，秦穆公在這兒蓋了一座廟。它被重修過很多次，最近的一次是在一九八三年。

從中峰開始，通向東峰的主路沿著一段很長的臺階拾級而下，然後沿著山頂內部的東部邊緣，再次向上，直到東峰。但是還有一條近路，而我需要一條近路。我舉步折回，走上一條去引鳳亭的岔路。當年，穆公女兒經常在這裡吹笛子，她的夫君則吹簫，風把他們的音樂一直吹送到平原上她父王的宮中。

從引鳳亭向南望去，我能夠看見東峰上巨人留下的手印——是他把華山和首陽山推向兩邊，從而使黃河能夠掉頭向東流入大海的。我用望遠鏡瀏覽著下面的山谷，發現了一座掩映在竹林中的小茅屋。我決定以後打聽一下它的情況。

我拖著疲憊的身體，去爬最後一段鐵鍊，到了一個寺廟的後門——現在它是一間旅館了，就在東峰的下面。登記的時候，我向管理人員打聽我剛剛在下面遙遠的黃甫谷裡看到的小茅屋的情況。他說那是一個農夫的。我很失望，但是同時又很高興——再也不用去爬另外一個山谷了，哪怕只是一小會兒。我坐在前門的外面，喝了一瓶啤酒——它們是與其他的生活必需品一起，透過當地腳夫的肩膀上來的。喝第二瓶啤酒的時候，史蒂芬到了。我們一起喝了第三瓶。

我們坐的那個地方，正是航空雜誌上的那幅照片的拍攝處。我大為驚愕：原來那個景色是真的，而且我們的的確確已經坐在這兒了。我們的直下方，就是那座與照片上一模一樣的不可思議的亭子，坐落在那一模一樣的不可思議的山岬上。這座亭子裡的坐凳和棋盤桌，都是最近才重修起來的，是用白色的花崗岩雕成的。要到那裡，你必須沿著一段鐵鍊爬下去。在鐵鍊的某一點上，你得被迫水平地懸在空中，背對著下面幾百米處的岩石。兩千多年以前，在武帝統治期間，有人看見一位名叫衛叔卿的道士，正在這個山岬上和幾位神仙下棋。

東峰的棋亭

一千年後，十世紀的時候，陳摶曾經在這裡和宋太祖下過棋。據說陳摶贏了，於是宋太祖把整座華山都封給了他。

史蒂芬和我注視著正在沉落的夕陽，它照亮了這座亭子。月亮飄過天宇。我們撂下一副空行囊擔子，留給腳夫們第二天背下山，然後回屋休息去了。

東峰也叫朝陽峰。黎明前，一百名遊客在外面打著寒顫，我們加入了他們的隊伍。他們中的大部分人是夜間打著手電筒爬上山的。他們是一個為期兩天的旅遊團：早晨離開西安，參觀驪山的秦始皇兵馬俑，晚上爬華山，第二天傍晚回西安。

太陽升起來了，一百架照相機同時咔嗒起來。它是從一座山後升起來的——《山海經》中說，那裡生活著一種黑雉，用牠能夠治療瘡癬。這部薩滿的山水指南還宣稱：「（華山上）鳥獸莫居。有蛇焉，名曰肥䗽，六足四翼，見則天下大旱。」可是我們沒有看見牠。但是我們確實看見了一隻老鼠在一點一點地撕咬一片樹葉，亂哄哄的蜜蜂們在訪問薊草，橙黃色的向陽花，比太陽還黃的百合，還有鷹的一家，在山峰上空開始了新的一天。

吃過早餐麵條後，史蒂芬和我開始了爬華山花狀頂峰其他花瓣的旅程。去南峰的路上，在南天門，我們穿過一座小廟的大門。出來後，就置身於這座山峰的南面了。在這裡，黃甫谷和仙峪谷環繞著華山的山基，垂直落差足有一千米。穿過仙峪谷向南，是三公山和三鳳山。沿著懸崖，有一條鐵鍊和木板合成的棧道，通到下面的賀老洞。它是十三世紀的道士賀元希在華山正面陡峭的山崖上雕鑿的幾個隱居處之一。

他是怎麼發現這個地方的，是一個祕密；一個更大的祕密是，洞上方的書法是怎麼寫上去的。它宣告這裡是全真崖，是為了紀念道教全真派而命名的。去賀老洞的六英寸寬的路，被認為是這座山最危險的地方。一位管理人員說，幾乎每個月都有人掉下去，他隨即又補充道，對危險的清醒認識能夠使人全神貫注。我減輕了對危險的緊張感，但是史蒂芬卻鼓足了勇氣，緩緩地向下爬了一半，去拍幾幅照片。他一從深淵中上來，我們就向南峰的主峰進發了。

南峰也叫落雁峰。頂部有一個石頭池塘，能夠貯存雨水，這大概就是它吸引大雁的原因吧。它也是華山的最高點，幾乎有兩千兩百米。西元八世紀的時候，詩人李白站在這裡感嘆：「此山最高，呼吸之氣，想通天帝座矣。恨不攜謝朓驚人詩來，搔首問青天耳。」

從南峰開始，山路蜿蜒而下，經過另一條龍脊，通向西峰。西峰也叫蓮花

通向賀老洞的鐵鍊和鐵梯

峰，據說因為有一塊岩石看起來像一片荷葉，還因為在頂峰附近的一個池塘裡，曾經生長過一棵千瓣蓮花。從西峰的邊緣到仙峪谷，又是一個高達千米的急落差。

我們久久地凝視著這座斷崖，然後掉轉腳步，去翠雲觀。它依偎在龍背的內側。

在主殿裡，我遇見了薛泰來道長。他七十歲了，自從他二十二歲出家以來，已經在這座頂峰上住了四十五年了。像謝道長一樣，薛道長也有關節炎，可是當他站起來給我倒茶的時候，行動卻非常優雅。我問他，這頂峰上是否還住著其他的道士或道姑。

薛：還有一個道士，蘇道長。他住在南峰上。但是兩個月前，他退出了道教協會，和一位弟子一起，搬到了下面華山山谷的中間——大上方去了。這裡只有我一個人了。

問：如果人們想住在這裡跟您學習，可以嗎？

薛：首先他們必須去玉泉院的道教協會，徵得允許。道協決定往哪兒派人。我不能私自收徒弟。

問：政府供養您嗎？

薛：不。我們必須靠接受布施，自己養活自己。政府有時候幫助做修葺工作。但是我們必須主動提出申請，而且要花很長時間。不過，政府對宗教的限制是放鬆了。過去的情況真是非常糟糕的。

問：您一直住在西峰這裡嗎？

薛：沒有。一九四三年，我剛來這兒的時候，住在南峰的南天門。也有好幾年，我住在山洞裡。這就是我現在走路困難的原因。新中國成立後，幾乎華山的每一個道觀我都被派住過。道協讓我們上哪兒，我們就得上哪兒。

問：這兒是個修行的好地方嗎？

薛：不，不再是了。不是在華山上。住在這兒的道士們不得不去照顧遊客。

横渡南峰全真崖

我們不能專心致力於修行。這樣誰也成不了什麼事兒。想修行的人不得不搬到山的更深處。當然，政府和道協誰也不贊成這樣做，不過有些人還是這樣做了。蘇道長和他的弟子搬去的那個地方，也就是大上方，還是非常僻靜的。那兒的上面有一些岩洞。

問：樓觀臺怎麼樣？

薛：他們那兒的遊客不像華山這麼多，但是住在那兒的人太多了。這也沒有什麼好處。他們的生活太舒適了。如果你想找個地方修行，你就必須到山裡去。但是如果你進山了，衣食又成了問題。要麼你得親自出山買東西，要麼你得靠別人。這是個問題。但是在山裡修行的人有辦法解決這個問題。他們辟穀，也不穿衣服。也許披幾片破布。他們練習氣功，這樣他們就不會覺得餓或者冷了。不過，大多數人是不能住山的。這個不容易。

問：人們怎麼能學到這樣的修行呢？

薛：基礎的東西你在哪兒都能學到。有書。要學更深的祕密，當你的修行達到一定層次的時候，你自然就會遇見一位師父。但是你不能著急。你要有終生獻身於修行的準備。這就是宗教的意思。這不是一個付出金錢的問題。你必須付出生命。沒有多少人願意這樣做。如果你準備好要學道，你不必去找師父，師父會找你的。道教是非常深奧的，要學的東西太多了，你不可能一蹴而就。道是不可以言傳的。悟道前你必須修行。老子教我們要自然。你不能強求，包括修行。悟是自然發生的，對每個人來說都是不同的，主要是要清心寡欲。修行要花很長時間，所以你必須保持身體健康。如果你有很多念頭和欲望，你就活不到實現目標的時候。

我喜歡薛道長。他說話直截了當，而又優雅柔和。我可能跟他談了好幾個小時。已經是中午了，又有幾位遊客到了。後來，我在道教協會的雜誌上讀到，最近薛道長把他過去四十年來從供養中得到的所有積蓄，全部捐給了道教協會，用來修建新道觀。總額是兩千元人民幣，大約相當於四百美元。

當史蒂芬和我動身要離開的時候，薛道長進了臥室。出來時手上拿著一袋松籽，是他從長在頂峰的松樹上採集的。華山松是一個特殊的品種，只在終南山

薛道長，華山頂上四十五年

較高的山峰的頂峰上才有。它們在中國、朝鮮和日本的森林種植者圈中享有盛名，而生長在華山西峰上的那些松樹，又是華山松中最為著名的。它們的種子、花粉乃至松針，都是過去生活在華山的道教徒們的主食。古書中說，華山松的松香經過一千年就會變成琥珀，吃了它能夠轉凡成仙。薛道長說，吃了這些松籽，或者種了它們，讓它們長成樹。我告訴他，我是松樹家族的老朋友了，更願意種它們。

我們沒有繼續逗留。兩個小時後，我在群仙觀停下來，等候史蒂芬。在謝道長得關節炎之前，他一直是這座道觀的當家。一九一九年，謝道長的師父建起了這座道觀。現在裡面是空的，只有一位年輕的道士在給一群遊客張羅午飯。當我在臺階上休息的時候，這位道士走了出來，我們聊了聊。他說，年輕的道教徒正處於困境中。他們所做的一切就是照顧遊客。他說，大部分師父在他們的一生中，只把核心的祕密傳授給一位弟子，而且大師們都已經隱居到山的更深處去了，拒絕在這個物質時代教化人。他說，道觀裡的教導是膚淺的。他嘆息著，回到裡面去繼續招呼午飯了。

史蒂芬到了以後，我們沿著山路一起往下走。途中，我們經過一塊石頭，它的正面刻著「鶴之聲」三個字，而且被漆成了紅色。鶴在道教中是變化、超越、灑脫、純潔和長壽的象徵。用牠來代表華山是再完美不過的了。可是很顯然，這隻鶴已經飛走了。

一九〇四年，當佛教旅行日記作家高鶴年遊覽華山的時候，他很驚異，華山的道教徒們怎麼能靠那麼一點點兒東西過活。他也對華山的幽靜和住在這裡的那些人對隱居生活的獻身精神做了評論。他說，別的道教名山都不是這樣——他遊覽了所有的道教名山。在二十世紀的另一端重訪華山，我卻不得不懷疑，為什麼還有道教徒願意住在這座山上。不管它的景色有多麼壯觀，卻不能代替幽靜。

下山的路上，我們又一次在娑羅坪休息。我想起薛道長說過，蘇道長帶著一位弟子搬到了大上方頂峰的一個山洞裡。大上方是那邊雲中的一個地方。我的視線越過山谷，眺望著那座崖壁，不由得大聲自言自語起來：不知道上蘇道長的岩洞有多遠。這時，一個正在賣西瓜塊的人說，他認識蘇道長。他還說，大上方不遠，他願意給我們當嚮導。

我們接受了他的好意，跟著他過了河。在河對岸，他把路開始的地方指給我們看。我們瞠目結舌，不敢相信。這條路的開頭是一段鐵鍊，順著崖面垂下來，大約有三十米長。我們的嚮導拽著鐵鍊就上去了，然後招手示意我們跟上去。史蒂芬和我沮喪地面面相覷，但是我們能找出什麼體面的理由呢？所以我們只好跟了上去。下一段路就更嚇人了：手腳並用，手指和腳趾死死地扒住傾斜度達七十度的崖壁，崖壁上還不停地有泉水滲出來，滑溜溜的。而且沒有鐵鍊。我們根本不敢往下看，只是不停地爬著，免得去想會掉下去。

爬了大約一百米，我們到了一個古代隱居處的廢墟，然後開始爬一段更加陡峭的崖壁。半路上，我的腿因為筋疲力盡和恐懼而開始發抖，我問嚮導還有多遠。他說，兩個小時，然後指指就在白雲下的那個崖頂。當他剛才告訴我們蘇道長的岩洞「不遠」的時候，我忘了問他到底有多遠。現在我知道了，我意識到我們不可能爬上去。還有不到兩個小時天就黑了，而且我們也實在沒力氣了。我們決定改天再去拜訪蘇道長，然後慢慢地下到主路上。

走在平地上是如此令人激動，史蒂芬開始蹦蹦跳跳起來。沿路上，當他超過其他下山的遊客的時候，他們也開始蹦蹦跳跳起來。不一會兒工夫，就有十多個中國人，跟在一個長得酷似瑞普．凡．溫克爾的老外後面蹦蹦跳跳。那天晚上，我都笑岔了氣。一個星期以後，我的腿才不疼了。

行文至此，本來這應該是本章的結尾了，但是幾個月後，我又去了華山。那是三月下旬，什麼都變了。河裡幾乎沒有水了，山崖上除了偶爾有一棵開著花的野桃樹以外，其餘的地方一片枯黃。我到娑羅坪的時候，停下來跟我們過去的嚮導打招呼。他說，蘇道長和他的弟子已經從大上方下來幾天了，眼下正待在山谷入口處的朝元洞觀。我笑了，為不必再去爬那座懸崖而感到高興，然後回到了玉泉院。

在院子裡，我遇見了一位道姑。她看起來異常安詳，我向她打聽去朝元洞的路。她領著我沿著西牆走到一個大門口，朝遠處的竹林指了指。出了大門，我又走回到山谷入口處，過了河，沿著一條灌溉渠往前走。走了大約兩百米，我進入一片竹林——朝元洞就是被它遮掩住了。這兒就是賀元希十三世紀初來華山時住的地方，後來他在南峰上鑿了一個岩洞。

這座道觀包括幾棟老舊的土坯建築，屋頂蓋著茅草。我拍拍門口的兩隻石獅，走了進去。儘管這個地方看起來快要倒塌了，裡面還是擠滿了道士和信眾。我向一位老道士走去，他看起來像是這裡的方丈。我告訴他，我正在找蘇道長，並問他這兒在舉行什麼活動。他說，蘇道長和他的弟子在玉泉院另一面的十二洞；這兩天是曹道長母親去世三週年紀念日，全省的道士和道姑都來參加為期三天的齋醮活動。曹道長是華山道教協會的會長，後來我得知，她就是那位給我往朝元洞方向指路的道姑。

我回到玉泉院，向十二洞走去。當我走過院基的時候，撞見了老薛道長。在西峰上，他一個人住著。在這裡，在山腳下，他被十多個年輕弟子簇擁著。我們互致問候，他說他剛從北京回來，在那裡，他參加了自一九四九年以來第一次接納新道士和道姑的正式典禮。他問我種了那些松籽沒有。我告訴他，我已經把它們送給了我在臺灣，還有日本和美國的熱愛森林的朋友們了。當我向他問起蘇道長的時候，他消失在一間看起來很零亂的臨時帳篷裡，然後帶著一個四十歲左右的高個兒道士回來了。

薛道長介紹說，這是蘇道長的弟子，姓周。我給他講了上次我曾經試圖去拜訪他和他師父的事。他說，如果我再等一兩年，要爬那座崖壁可能就容易了。他還說，臺灣的天地會曾經表示要出錢，修一條更安全的路。但是，很顯然他對此並不歡迎。就在這時候，又一位道士從帳篷裡走了出來。周道長說，這就

華山

是蘇道長。我向他鞠了一躬，然後自我介紹。蘇道長根本沒有停腳，說我找錯人了，又說他姓華，因為住在華山。然後他走開了，甩著長長的袖子，就好像馬上要飛走一樣。

第　六　章

登天之道

兩千年前，當佛教剛剛傳到中國的時候，它已經是半中國化的了。直到那時候為止，中國所有可以被稱為宗教的主要思想體系和修行體系，都建立在對道的理解的基礎之上。既然道無所不包，能夠生發萬物，那麼就沒有理由認為另外一種體系不能從它的子宮中衍生出來。至少在佛教最初傳入中國的一百年內，它沒有給中國人造成多少觀念上的問題。

中國與佛法——佛教對於真理的看法——的最初遭遇，最遲發生在西元前一世紀。其時漢朝已經把它的影響沿著一串綠洲一直擴展到了印度西北的各個王國中。在那裡，大乘佛教剛剛湧現，漢印最初的接觸是外交上的。本來外交上的接觸是永遠也不可能導致佛法的傳播的，除非是把它作為一種文化珍品來介紹給對方。是商業貿易把佛法帶到了中國。當時，各國商隊來到中國，他們用香料、珠寶和彩色玻璃來換取中國絲綢。早在西元一世紀，中亞的商隊就已聚居在中國政治中心的城牆之外。與他們住在一起的，還有從印度來的和尚。

佛教最初傳入中國的細節，我們就不得而知了。歷史記載和文物只告訴我們，沒過多長時間，佛就被當作另一尊神，被發展中的道教接納了——道教當時包括了諸如黃巾起義這樣一些不切實際的行動。西元二世紀左右，佛不僅在老子的旁邊受到禮拜，還因為某些道教徒認為他就是老子本人，而變得相當普及起來。據說老子離開樓觀臺以後到了西方，一本西元二世紀出現的書，記敘了這位聖人從中國消失，然後又以佛的形象重新出現在印度的故事。在亨利・邁斯派羅《關於西元後最初幾個世紀的道教的隨筆》（*Essay on Taoism in the First Centuries A.D.*）一文中，他解釋了道教徒為什麼願意相信此類故事，以及他們歡迎覺者到中國來的原因：

> 佛教被認為是道教的一個特殊的宗派，是各宗派中最嚴謹的，比黃巾還要和諧，還要有理性。再者，它能夠阻止煉金術繼續發展，使道教成為一種純粹道德的、冥想的長生不老術。這一點使它與道教其他宗派區分開來，並給了它一種榮耀——本來它的信徒為數很少，又有異國色彩，是沒有希望獲得此種榮耀的。這個新的宗派與道教古老的神祕的大師諸如老子和莊子聯繫起來了，而且從某個角度來說，它比當時的道教還要更接近於老莊。（第四一一頁）

但是，這樣的密切關係沒有持續下去。中國人對於來自西域的這種「道教」

不斷增長的興趣，很快就導致了西元二世紀末的佛經的翻譯，它們顯示出了佛、道兩教在教綱和修行上的基本差異。道教徒尋求的是修成一個長生不死之身，而佛教徒尋求的是擺脫一切身相。涅槃看起來結果與道教長生不死的目標也不一樣。禪修也有差異。道教徒把他們的呼吸減少到最低限度，並且專心致志於體內氣息的循環和變化；而佛教徒則強調呼吸調柔，要捨棄對身體的執著和修煉。還有，佛教徒有一套普遍遵守的規則，或者叫戒律，他們據此來調整自己的行為；而大部分道教徒則按照道德的標準行事，或者各縱其天性。西元三世紀左右，佛教獨立了，於是道教徒們要麼改變了信仰，要麼排斥這種現在打上了外國烙印的信仰。

在隨後的幾個世紀裡，佛教不僅在新環境下繁盛起來，而且變得非常成熟，發展出了新的思想流派和修行宗派，它們進一步向中國人散發著感染力。像道教一樣，終南山又成為這種新宗教傳統出現和發展的背景。在中國出現的八大佛教宗派中，有七個宗派是在終南山裡或其附近開出它們的第一片花瓣的。它們是三論宗、唯識宗、律宗、淨土宗、華嚴宗、密宗和禪宗——據說其中最後一個宗派起源於嵩山，而嵩山是終南山東部的一條支脈。第八個主要宗派是天臺宗，它起源於中國南部的衡山和東部的天臺山。

在這八種觀察佛法的方法（八大宗派）中，在影響力和信眾數量方面，沒有哪一個宗派比淨土宗更重要了。淨土宗不是教人們單靠自力解脫，而是教人們要相信阿彌陀佛的力量，他會把信眾帶到他的極樂世界裡去，人們在那裡比在這個五濁[1]惡世中更容易證得解脫。淨土宗仰仗佛力的方法，包括持念阿彌陀佛的聖號，觀想他的極樂世界，以及發願要往生到淨土去。

淨土宗教綱在中國的建立，以及上述修行方法的普及，要歸功於善導。將近二十年前，我到臺灣的時候，第一次聽說了這個名字。我在島上的第一年，是在一座佛教寺廟裡度過的。那裡的出家人請我翻譯一部佛經，或者說是佛陀的講法。儘管我對這些經典的語言很生疏，但是出於我對他們免費為我提供食宿的感激，我決定勉力一試。

出於好奇，我撿起了一部淨土宗的主要經典——《觀無量壽佛經》。在這部經典中，佛陀連續向韋提希王后介紹了十六種觀想方法，開始是觀想西方地平線上沉落的夕陽，然後是觀想一大片水，水變成了一塊琉璃地，琉璃地上出現了一片國土，中有宮殿園林，亭臺樓閣，樓閣上裝飾著彩燈和珠寶。這片國土

1——五濁：劫濁、見濁、煩惱濁、眾生濁、命濁。

裡所有的音聲，包括鳥聲、樹聲和水聲，都在演唱「苦」、「空」、「無常」和「無我」。這就是西方極樂世界，這就是淨土，也即阿彌陀佛——無量光和無量壽佛的國土。韋提希王后最終生於淨土中佛前的一朵蓮花上。佛陀告訴韋提希王后，任何能夠觀想這片國土和阿彌陀佛的人，都是人中的白蓮花，定能往生到極樂世界去。

西元六三一年，善導出家之後不久，就讀了這部經典。他深為信服，於是從中國東部搬到了終南山，在終南山裡修習了幾年這些觀想。儘管他很精進，但是他仍然對這種修行的基礎有所懷疑。西元六四一年，他向北行腳到了太原附近的玄中寺，去向道綽學習。曇鸞是玄中寺較早的一位住持，而道綽則是他的法嗣。那時候，道綽已經贏得了淨土宗修行大師的稱譽。他說服了善導，使他相信了持念阿彌陀佛聖號的重要性；他說，這樣的修行本身就足以保證善導往生到淨土中去。

西元六四五年，道綽往生後，善導回到了終南山悟真寺。悟真寺建於大約此前五十年，包括兩個建築群，一個在悟真山谷的入口處，另一個則在山谷內大約兩公里處。西元八一四年，當詩人官員白居易搬到這一地區為他的母親守孝三年的時候，他寫了一首二百六十行的詩，題目叫〈遊悟真寺〉。這首詩談到了四周群山的雄偉和寺廟建築的富麗堂皇。當時悟真寺裡住著一千多出家人。

史蒂芬和我想看看，昔日的輝煌如今還剩下些什麼。於是我們雇了一輛車和一位司機，從西安起程，向東南開了五十公里，來到藍田。從藍田市再向東五公里後，我們掉頭向南，開到了一條骯髒破爛的路上，很快就來到了水陸庵灰色的新圍牆前。水陸庵比悟真寺要早建一兩個世紀，後來被當成了悟真寺的一部分。顧名思義，它曾經是一個比丘尼道場。西安外事局的人曾經告訴過我們，悟真寺不准進入；但是他們拿不定主意，水陸庵可不可以進。

我們很快就發現，這個地方是由黨的幹部們管理著。開始，他們堅持外國人不能入內。但是經過陪同我們的和尚的多次勸說之後，他們終於同意放我們進去快速地瀏覽一遍。大殿裡的塑像是一個驚人的展覽，包括幾千件陶塑，其中大部分是十三世紀早期塑成的，它們是我們在中國各地所見到的最有震撼力的藝術作品之一。但是幾分鐘後，管理員就開始變得緊張起來，催著我們趕快出去。

水陸庵雕塑

當史蒂芬收拾攝影器材的時候，我跟寺廟門口的兩位老太太攀談起來。她們正在賣靈芝。靈芝是一種真菌，生長在樹和山崖的陰面。道教中大多數關於長生不死的仙方裡都有它。既然靈芝意味著長生不死，而長生不死意味著隱士，於是我就問那兩個老太太，這一帶有沒有什麼修道者。其中的一位不假思索地立即回答說，在王順山方圓一天的路程之內，住著七十多位修道人。王順山高兩千三百米。

過了這條山谷的終端，向東南一直綿延出十公里。儘管她們的外貌顯得很蒼老，可是老太太們卻說，她們一週要爬好幾次王順山和附近的其他山峰，去採草藥。

我正要打聽一下王順山附近的隱士和路線情況，可是管理寺廟的那個人卻堅持要我們馬上離開。當我們驅車離開的時候，司機讓我們把自己隱蔽起來。原來在這條山谷的入口處有一座鈾礦，外國人不許入內。史蒂芬拍了幾幅全景照，很顯然，寺廟的管理人員以為他把鈾礦拍進去了。我們蹲下身去，進入藍田以後，才重新坐上來。對此我們只好一笑了之。在古代，藍田地區以產玉——道教徒們追求長生不死的過程中所使用的一種礦物——而著名。現在變成鈾了。兩種不同的礦物，都能把人送上天堂。

聽了五年悟真河[2]的講法之後，善導離開了藍田地區，搬到了長安近郊。在那裡，他弘揚淨土，繪製淨土經變圖，度過了餘生的大部分時光。

西元六八一年，他離開人世，到淨土去了。他的弟子們在長安城南起了一座塔，以安置他的舍利。那兒很快就發展成了一座寺院，並且成為新淨土宗的第一個中心。它被稱為香積寺。在日本，他們的淨土宗信徒號稱有五千多萬人，直到今天，學童們仍然還在背誦八世紀時王維寫的一首詩：

不知香積寺，數里入雲峰。古木無人徑，深山何處鐘。
泉聲咽危石，日色冷青松。薄暮空潭曲，安禪制毒龍。

三月裡，在史蒂芬和我從善導過去的靜修地被驅逐出去的六個月後，我孤身一人回到了西安，繼續我的旅程。我從西安南行十七公里，穿過長安縣城，經過兩次警察檢查，上去穿過神禾原，經過賈里村，然後向西拐到一條岔路上，來到香積寺的土牆外。香積寺的周圍現在是一片農田。

2———善導所居寺廟名為「悟真」，作者稱河亦名「悟真」。

藍田山景

在裡面，我遇到了香積寺六十八歲的住持續洞。他領著我四處參觀，並且談到了香積寺近期的歷史。一九六〇年，當他初次來這兒的時候，這裡只有一座大殿和三座舍利塔仍然屹立著。這三座舍利塔裡面是善導和兩位後期淨土宗大師的舍利。那時候，寺裡只剩下一個老和尚，他們兩個人就一起住在緊靠大殿的一間小茅屋裡。一九六三年左右，寺裡已經有了十九位和尚。後來，二十世紀六〇年代後期，紅衛兵來了，把其中的一座舍利塔砸成了瓦礫，並且強迫和尚們參加當地的生產小組。續洞千方百計保住了大殿和剩下的兩座塔。

儘管開頭很艱難，但是續洞現在幾乎已經完成了修復工作，至少是初步的目標。一旦占著前院的初中搬到新址去，香積寺的廟基就有將近兩公頃了——或者說相當於它過去大小的五分之一左右。和尚們的新寮房也已經開始動工了。儘管政府規定，在這個寺廟登記的人數不得超過十五人，但是在我到訪的時候，仍然有將近三十位和尚住在那裡。

續洞帶我來到善導大師三十二米高的舍利塔前。我在塔院的小殿裡上了一些香。本來我想到塔頂看看風景，可是樓梯已經岌岌可危了，有一道門封在外面，不讓進去。

後來續洞又帶我穿過寺廟的菜園。那是三月下旬，和尚們正在開始種捲心菜、茄子、紅辣椒和馬鈴薯。續洞說，寺廟不從外面買吃的。路兩旁種滿了玫瑰。過去我一直以為玫瑰是一種西方的花，所以在中國看到它總是感到很驚訝。但是西安的一位植物學家向我保證說，玫瑰最早是兩千年前在長安培育出來的，它的原型是原產於終南山的一個野生品種。像幾千年前的大麻一樣，它最終沿著絲綢之路，傳到了印度和地中海沿岸等地。

在大殿附近，有幾棵香蕉樹，它們看起來似乎也種錯了地方。我問續洞天氣是不是太冷了，香蕉能結果嗎？他說，他種這幾棵香蕉樹只是為了好玩。我點點頭。在臺灣，我也在自己的窗外種了一棵，也只是為了好玩——為了聽夏雨打在蕉葉上的聲音。我在寺廟兩座已經修好了的大殿裡上了更多的香，然後跟續洞到他房間裡去喝茶。我注意到，他的一隻手指的頂端沒有了。我猜想，他是不是把它燒掉了，以供養阿彌陀佛。這種修行在過去是不常見的——八指頭陀是清朝最著名的詩人之一，他以只有八個手指而聞名。

在續洞搬到中國最著名的淨土宗道場以前，他一直是終南山最有名的禪宗道場大茅篷隱居處的住持。我向他請教禪宗和淨土宗修行的差異。

續洞：在禪宗裡，我們不停地問，誰在念佛。我們所想的一切就是，佛號是從哪裡升起來的。我們不停地問，直到我們發現自己出生以前的本來面目。這就是禪。我們一心一意地坐著。如果心跑到別的地方去了，不管它到哪兒，我們都跟著它，直到最後心變得安靜下來；直到無禪可參，無問可問；直到我們到了這種境界，不問而問，問而無問。我們不停地問，直到我們最終找到一個答案；直到妄想消盡；直到我們能夠吞下這個世界，它所有的山河大地，一切的一切，但是這個世界不能吞掉我們；直到我們能夠騎虎，而虎不能騎我們；直到我們發現了我們到底是誰。這就是禪。

在淨土宗的修行裡，我們只是念佛號，再也沒有什麼了。我們用心去念。我們不出聲念，可是聲音卻是完全清晰的。當我們聽到那個聲音的時候，就再開始念。如此周而往復。念沒有停止，心也沒有動。聲音升起來，我們聽著這個聲音，但是我們的心沒有動。我們的心不動，妄想就消失了。一旦妄想沒有了，就是一心在念。結果與禪是一樣的。禪就意味著無分別。實際上，淨土法門包括禪，禪也包括淨土。如果你不是兩個都修，你就會變得片面。

問：淨土法門更適合於現在這個時代嗎？

續洞：所有的法門都適合。法無對錯。這只是根基的問題，也就是你在過去世的習性。一旦人們開始修行，他們就會認為其他的修行方法是錯的。但是所有的法門都是正確的。哪一種修行方法更合適，它取決於那個個體。

一切法門都是相互聯繫的。它們彼此含融。它們殊途同歸。比方說，淨土法門包括律宗。如果你不過一種合乎正道的生活，你

續洞在善導舍利塔前

就不能念佛。淨土法門也包括禪。如果你不能一心，你也念不好佛。它與禪是一樣的，目標是一樣的。法門就像糖。人們喜歡不同種類的糖，但是它只是糖。法是空的。

問：終南山到底有何特殊之處？為什麼這麼多人來這兒修行？

續洞：終南山一直延伸到印度。最初的和尚們來中國的時候，他們就定居在終南山裡。而且中國的絕大多數大師都曾經在終南山修行。但那是過去的事了。現在這麼多的出家人仍然來終南山的原因是，這裡還很容易找到一個隱居的地方。還有，這一帶仍然有很多在家人，願意供養來修行的人。

問：現在這些山裡住著多少隱士？

續洞：我估計，長安縣裡大概有五十個，藍田和寶雞之間的山裡大概有兩百個。但是，現在距我住山的那會兒已經有一段時間了，所以可能更多了。住在山裡的出家人不用跟任何人登記，所以沒辦法知道。

要想知道答案，唯一的辦法是進山。我向續洞告辭。在回停車處的路上，我沿著香積寺西南向下走，一直走了大約兩百米。在那裡，滈河和潏河交匯成了交河。村裡的男人們正在河岸上挖沙子，裝到驢車裡。女人們正在石頭上擣衣服。雨季還沒有開始，滈河和潏河都只有大約二十米寬。一些人脫下鞋子，蹚水過河。兩千年前，南面的那片平原是一座皇家森林，種著栗子樹和梨樹。從遠處，我能夠望見果園。在附近的田野裡，農夫們正坐在小板凳上，為剛長出來的粟苗拔草。

回到高速公路上，我們繼續向南。路是柏油路，可是卻沒有多少車。在一個地方，我們看見一個老太太正坐在高速公路中間，悠閒地縫一條褲子。八公里後，在一個叫子午村的地方，這條路消失了。在古代，軍隊過終南山的時候，子午村是軍隊所走的那條路的入口。在子午村，我們調頭向西。

十公里後，我們到了一個叫灃峪口的村莊。有一條路取代了子午路，它把西安和秦嶺南面連接起來了，灃峪口就位於這條路的入口處。一次警察檢查抓住了我的司機，他的車的保險到期了。車的保險費是每年八百元左右。警察檢查費二十元，大約相當於四美元。我們繞過這些山，繼續向西。八公里後，經過高冠谷，我們調頭向北，不一會兒就來到草堂寺。這兒是我和史蒂芬一九八九年五月第一次來終南山時——佛誕日那天來的地方。

在院子裡，住持宏林對於我的回來表示歡迎。然後打開鳩摩羅什塔的門，好讓我能夠再一次進去禮拜。是鳩摩羅什先把我引到這個地方來的。他的殿是一座簡單的磚亭，裡面除了三塊幾米高的雕刻著美麗圖案的大理石之外，一無所有。我想像著他正坐在裡面翻譯另一部佛經。根據歷史記載，西元四一三年，他火化的時候，舌頭不壞。

鳩摩羅什出生於此前六十九年，即西元三四四年，地點是絲綢之路上的庫車古

草堂寺住持宏林與鳩摩羅什塔

國。他三十歲的時候，開始給這一帶的統治者講法。絲綢之路上的行人們把他的故事傳到了長安。為了使中國的統治深入西域，西元三八二年，苻堅皇帝派大將呂光率領一支七萬人的部隊，去征服庫車，並把鳩摩羅什護送回京。呂光完成了第一個使命以後，他了解到，國內已經改朝換代了。於是他沒有回長安，而是滯留在甘肅走廊（河西走廊）一帶。他在涼州建立了自己的王國，並把鳩摩羅什在那裡拘留了十七年，直到他被姚興皇帝打敗為止。

西元四〇一年，鳩摩羅什終於到達長安。姚興請他住在逍遙園中。逍遙園位於皇宮北牆和渭河之間。皇帝對鳩摩羅什的才能給予了極大的尊敬，他敕封鳩摩羅什為國師，並且選拔出三千出家人供鳩摩羅什支配，以襄助他的譯經事業。皇帝自己也常常參與這項工程，他拿來過去的翻譯版本，給鳩摩羅什做參照。住得離都城這樣近，對於鳩摩羅什而言，卻是一件令人苦惱的事情。還有更令他苦惱的是，皇帝要求這位和尚把他的夜晚分給十個宮女，希望他能把他的天才傳給下一代。很顯然，在這場優生學的實驗中，鳩摩羅什默從了。他講法的時候，開頭總要告訴聽眾，要只採擷蓮花，而不要去碰那生長蓮花的汙泥。

四年後，鳩摩羅什搬到較為安靜的草堂寺。在那裡，他度過了餘生的大部分時光。這座寺廟原本是二十世紀所建的一座宗祠，被稱為大寺。隨著鳩摩羅什的到來，它得到了擴建，以容納鳩摩羅什的助手和隨從，並被更名為草堂寺——這顯然是一個誤稱，但是因為它坐落在終南山的山影裡，所以聽起來似乎倒也相宜。

不管鳩摩羅什是在哪兒工作的，一千六百年來，他所翻譯的經文，無論是在風格上還是在語法上，都再也沒有人能夠超過他。他的《維摩詰經》被認為是中國文學的瑰寶

鳩摩羅什像

之一，他的《金剛經》和《心經》大概是中國被引用的最多的佛經了。還有，他的譯文比其他譯者的譯文更具韻味。直到今天，在東方，沒有一場佛教儀式中不使用鳩摩羅什所翻譯的經文。他的《阿彌陀經》是淨土宗的基本經典之一；他的《妙法蓮華經》促成了天臺宗的形成；而他所翻譯的龍樹和聖提婆的著作，則成為他自己的弟子所創立的三論宗的基本經典。

住持宏林打開了安放著鳩摩羅什舍利塔的那座亭子，然後領著我穿過一片竹林，來到長安八景[3]之一的面前——那是一眼井，據說秋天會有霧氣從井中升起來，然後那霧氣會一直飄到西安去。不過，現在離秋天還有六個月，而且我所注意到的唯一的一件事情，就是宏林那羞澀的笑。宏林還帶我參觀了附近的一個巨大的空池塘，它有著新的石壁、石橋和亭子。他說，每年四月分，都會有幾英尺深的水從一個地下源泉滲透到池塘裡，給寺廟提供了一個種植水生蔬菜的地方。很顯然，那眼井和這個池塘是相連的。

在回停車處的路上，我們在院子裡停下了腳步。地上鋪滿了柏葉，正在陽光下晾乾。宏林說，和尚們自己做香，然後把它賣給香客，以支付修復大殿的開銷。住在寺裡的十多個和尚，用這筆錢去買建築材料和有限的幾樣他們自己不

3——又名關中八景：華山仙掌、驪山晚照、灞柳風雪、曲江流飲、雁塔晨鐘、咸陽古渡、草堂煙霧、太白積雪。

能製作的東西。他們不需要買糧食，牆裡面圍著兩公頃的好農田。

宏林記起我對訪問隱士感興趣，於是指著圭峰——圭峰位於太平谷谷口西南幾公里處，它的頂峰與眾不同，呈金字塔形——說，他自己曾經在圭峰上的一座茅篷裡住了幾年。他七十三歲了，十八歲就出家了。他問我願不願意去見一位九十四歲的老和尚——那位老和尚就住在頂峰下他過去的茅篷附近。我本來想接受他的好意，但是當他補充說，那位老和尚已經喪失了講話的力氣，而且還要跟山腳下的駐軍軍官打交道的時候，我婉言謝絕了。

不過圭峰這個名字，倒是我所知道的。它是宗密的謚號。九世紀的時候，宗密曾經是草堂寺的住持，而且他還是華嚴宗和禪宗的一個分支的創始人。當我們離開院子的時候，宏林停下來，打開了鼓樓的門，裡面是宗密的墓碑。碑文是九世紀時的宰相裴休撰寫的。裴休曾經記錄了當時幾位著名禪師的講法，其中包括黃檗禪師。我對宏林的幫助表示感謝，並且告訴他，我更願意待在山裡。他害羞地笑了，於是我們道別。

在回灃峪口的路上，我在草堂寺南面不遠處的一個葡萄園邊停下來。借助一位農夫的幫助，我發現了自己一直在路西側尋找的那個地方：興福塔院的遺址。塔院裡曾經有宗密的青蓮塔，以及其他五十多位高僧的舍利塔。這些磚石建築物都在「文革」期間被毀掉了。這個地方成了一片廣闊的葡萄園中的一大塊凹地。我已經聽說地方官員們正在計畫發掘舍利，並且打算把它們供奉起來，作為將來的旅遊賣點。那位農夫說，這件事他也聽說了。但是他仍然在精心照管著他的葡萄。

幾分鐘後，我回到了灃峪口村。在灃河河谷入口處的東面，我穿過一片光禿禿的樹林——這片樹林因為幾棵野桃樹而變得亮麗起來——爬到後安山的山腳下。很快我就來到一個小平臺上，它已經被嶄新的紅牆灰瓦的豐德寺所占據了。豐德寺是幾座與道宣有關係的寺廟之一。七世紀中期的時候，道宣曾經住在這座山上。

儘管豐德寺的圍牆是新的，但是它曾經有過輝煌的歲月。生活仍然在繼續著。在裡面，我聽見腳踏縫紉機的聲音，看見蝴蝶花和櫻桃樹都開著花兒。這座寺廟現在是一座比丘尼道場。在外面，我遇到了住持妙覺。她六十歲了，是東北黑龍江人。在過去的墓園附近——那兒現在還有三座傾頹的石塔，她正在忙著收拾蔬菜。她歇下手頭的活兒，花了相當長的時間告訴我，現在這裡住著三十多位尼師，但是她不知道它是從什麼時候開始變成比丘尼道場的。九世紀的時候，當宗密住在這裡寫他關於禪宗分支的經典文章的時候，豐德寺還是一座比丘道場。

我回到村裡，進入河谷：一條彎曲清澈的河，兩側是高高的懸崖，河的東岸有一條柏油路。不到兩公里之後，我在一個叫柳林坪的地方停下來。我第一次來這兒的時候，是跟史蒂芬一起來的。但是史蒂芬回美國去了，我獨自一人開始沿著通向山頂的新石階向上爬去。遠遠的上面，在後安山的頂峰上，我能夠望見道宣的舍利塔。前年的佛誕日，正是它把我們引到這兒來的。

半路上，我在淨業寺停下來。在寺廟的大門上，我看見了我第一次來這裡時歡迎我的那幾個字：「以法護法」。寺裡的狗叫起來。一位和尚出來了，把我領了進去。他告訴我，這隻狗正在將功贖罪。幾個月前的一個雨夜，牠睡著了，有人翻牆溜了進來。因為杜仲樹的樹皮有醫用價值，於是入侵者就把兩棵杜仲樹的樹皮剝去賣了。這兩棵樹現在死了。它們是一千三百多年前道宣親手種在寺廟的小院子裡的。

道宣是律宗的創始人，而淨業寺則是律宗的中心。西元六二一年，道宣

淨業寺大門

二十五歲的時候，第一次來到這兒，住在山上較遠處的一座茅篷裡。後來，他搬到山下的寺廟裡，這座寺廟是在他到來之前五十年建的。當他弟子的數目日漸增多的時候，他把這座寺廟建成了一個指導中心和供應基地，為那些住在這座山上淨業寺附近的茅篷裡的修行人供應吃穿。道宣除了撰寫了中國早期和尚的傳記以外，他還致力於統一那些規章制度——出家人根據它們來調整自己的生活，他還把這些規章制度——或者說戒律——作為宗教指導的基礎。儘管律宗從來沒有占據過首要地位，但是它仍然有自己的信徒；而且其他宗派的出家人也都遵從律宗的這個觀點，即如果不過一種合乎正道的生活，就什麼也成就不了。

去年八月，當史蒂芬和我到淨業寺參訪的時候，我們遇到了寬明——一位二十八歲的和尚，他已經被委以監管寺廟修復工作的重任。在那次參訪過程中，我問他，中國是否還有律宗大師。

寬明：清末有見月和弘一。現在有美國萬佛城的夢參，福建莆田廣化寺的圓徹，福建廈門南普陀的妙湛，還有乾縣（灃峪口西北一百公里處）的通願比丘

道宣塔

尼。他們是我所知道的僅有的幾位律宗大師。他們都一直在經濟上支持淨業寺的修復工程。他們都說，現在是終南山重新開始培養大師的時候了。

問：是什麼促使你到這兒來的？

寬明：出家人是中國最自由的人了。我們想去哪兒就可以去哪兒。「文革」前，我們還有戶口。現在只有那些長期住在寺廟裡的和尚才需要登記。我們總是從一個地方走到另一個地方，到處參學。我在廈門佛學院學習以後，就來這兒修行。那是三年前。我下車的時候，身上總共只有一百二十塊錢（相當於二十五美元）。我用這些錢在觀音山上搭了一個茅篷。一個月後，我來這裡參拜，遇見了兩位老和尚。我們前世肯定有緣。我留下來了。後來，我回廈門去看夢師父，他同意承擔修復淨業寺的費用，把它變成一個修行道場。

問：這些山裡住著多少出家人？

寬明：自從我到了這兒，我把周圍的好多山都爬遍了。僅在長安一縣，就肯定有五百多人。但是這些人有兩種。大部分人來山裡是來修行的。但是，還有一些人——我該怎麼說呢——他們照管著寺廟、殿堂，只是為了讓人供養他們。

問：你還計畫在這裡住多久？

寬明：再住兩三年吧，等這座寺廟修好了。然後，我願意把它交給一個有道心的人，一個能夠復興律宗修行的人。之後，我想花幾年時間去跟夢師父或者妙師父學習。夢師父在美國，他希望我到他那裡去。

問：你能給我講講夢師父的事嗎？

寬明：他是黑龍江人，跟我一樣。他三十幾歲就已經很出名了，經常在緬甸、泰國和香港弘法。他回來的時候，被當成間諜抓起來了。他們說，他走的地方太多了。他在監獄裡過了三十多年，一九八〇年終於被放了出來。他現在七十八歲了。當我第一次在廈門佛學院遇見他的時候，有幾百個人——不僅僅是出家人，都來聽他講法。他是一個很有感染力的演講者，他的話也很深刻。最近，他到美國去給華人聽眾講法，他們要求他留下來。他教給了我很多東西。妙師父也是這樣。妙師父說話不多，但是不管他說什麼，都很深刻。他曾經是中國最著名的禪寺——揚州高旻寺的方丈。他們兩個人都是開悟了的大師。

問：一個人不守戒能開悟嗎？

寬明：不能。如果你不守戒，不管是一條戒還是二百五十條戒（比丘戒），你的生活都不會有安寧。你守戒的時候，就能夠清除障礙和執著。只有到那個時候，你的禪定才能夠深入。而只有透過禪定，你才能開悟。這就是律宗背後的邏輯。

問：你看佛教在中國的復興有什麼希望？

寬明：過去的十多年間，情況發生了很大的變化。陝西省幾乎沒有一個村子沒有廟，或道觀、祠堂之類，好讓人們去禮拜。禮拜者來自生活的各個階層。我們最需要的就是一些大師。但是就目前而言，我們的主要任務看來是要使人們重新熟悉佛教、親近佛教。當然了，很多寺廟已經變成了「動物園」，人們對待出家人就像對待動物。他們只是來看看，而且吵吵鬧鬧的。但是我們認為這種情況是會改變的，寺廟會重新變成禮拜和修行的場所。但這需要時間。到那個時候，老和尚們都已經不在了。所以未來要靠我們。我們必須精進修行。這就是我們這裡不賣票的原因。我們不讓人們進來，除非他們是來拜佛的。但是，我們還需要錢修復寺廟，所以我已經發動出家人做瑪瑙念珠。我想最終我們能夠靠這個來養活自己。

問：其他寺廟怎麼樣？

寬明：他們也是這樣。如果他們不想辦法透過自己的勞動，或者靠布施來養活自己，那麼他們就不得不賣門票給遊客。我們都很清楚這樣做的後果。大師們已是耄耋之年了，直到前不久，他們才獲准教課。除非新一代出家人很精進，否則這個宗教就什麼也沒有了。雖然我們現在有宗教自由，但是佛教自身的情況還是一年比一年糟。十年前，宗教限制剛剛解除的時候，情況要好些。

現在是六個月以後了，寬明已經回福建廈門了。顯然，他準備到美國夢參那裡去了。他的位置已經被另一位年輕和尚開龍所取代。開龍是北京大學中文系畢業的。實際上，住在淨業寺的八、九位和尚中，有三位是北大中文系的畢業生。在別的寺廟裡也是這樣，我驚詫於年輕出家人受教育程度之高。在北京的時候，我了解到，佛教協會要求所有的新出家人至少要受過高中教育。道教協會則沒有這樣的要求。

開龍把我領到一個窑洞裡，大殿後共挖了三個窑洞。這間窑洞是個齋堂，我正好趕上了吃晚飯：玉米粥，一種野菜，還有炒馬鈴薯。後來，開龍把我領到一個房間裡去過夜。我能記得的下一件事情就是，在一曲「交響樂」中醒來：有人在齋堂爐灶上生火，火苗的呼呼聲；一隻啄木鳥找蟲子的聲音；還有各種各樣的鳥鳴。然後有人在敲那根掛在齋堂附近的裂了縫的木頭。除了新蒸的饅頭取代了炒馬鈴薯以外，早餐跟晚餐沒什麼兩樣。

上一次參觀的時候，我在這條山谷上面遠處的觀音山上，曾經遇到過一位名叫圓照的比丘尼。當我告訴開龍我想再跟她聊聊時，他說她已經搬到觀音山的後面去了，而且路很難走。早飯後，他跟一位年輕和尚說了這件事。大上週，這位年輕和尚曾經想拜訪圓照，但是沒有成功。雖然當時已經是三月中旬了，但他還是沒能穿過雪地。不過天氣已經晴了整整一個星期了，因此他同意再試一次，去走那條路。

我們爬下山，來到那條柏油路上，開始沿著山谷往上走。有幾輛汽車從我們身邊經過。這位年輕和尚說，汽車一般不停，除非有人要下車，因為要重新啟動太困難了。幾分鐘後，我們想辦法搭上了一輛運貨馬車。走了十五公里後，我們開始爬觀音山的東坡。

上山一百米後，這條路經過一片農舍，在一個大豬欄處向

作者與北大中文系畢業的開龍在他新蓋的茅篷前合影

左拐去，然後開始沿著一片陡峭的山坡蛇行而上。如果這片山坡是濕的或者結著冰，那麼根本不可能爬上去。即使是乾的，也很難走，我不得不頻頻地停下來喘氣。我的同伴一定很納悶我在這些山裡幹什麼。我自己也納悶。九十分鐘後，路終於變得平整起來，我們到了水簾洞。這是六個月前我遇到圓照的時候她住的地方。洞的新主人不在家。在洞內佛堂前上了一些香之後，我們繼續前行。二十分鐘後，左面的一條岔路上矗立著一座石頭拱門，上面寫著「南雅寺」。

去年秋天，當我與史蒂芬和寬明一起爬觀音山的時候，我們選擇了主路，十分鐘後就到了頂峰上：一座巨大的松木拱門，四、五座廟宇擠在一起。在一個廟裡，我們遇見了一位七十歲的老和尚，他是去年才剃度的，大概已經落在寬明「粥飯僧」的名單裡了。在另一個道觀裡，我們看見一群在家弟子正在接受一位年輕道士的氣功指導。我們則待在外面。寬明評論說，天氣很特別，我們只好同意。由山峰、青松和白雲所構成的全景，每幾秒鐘就會變化一次。我抽掉了一整根雪茄，就坐在那裡看著，聽著我心愛的曲子——松間的風聲。

這一次，我決定不去主峰，而是去了南雅寺。幾分鐘後，我們受到常照的歡迎。常照是南雅寺的住持，也是寺裡唯一的和尚。他七十一歲了，已經在這座寺廟裡住了九年。兩位居士跟他一起住在這裡。當一位居士給我們倒碗熱糖水的時候，住持拿出一只小鐘給我們看——那是三百年前清朝初年皇帝賞賜給南雅寺的。它看起來很粗糙，似乎說明南雅寺在那位皇帝的寺廟名單上的地位不太高。在外面，常照領我們參觀了一間即將竣工的新大殿，然後他把萬花山指給我們看。萬花山在灃河河谷的東岸，主峰高兩千米，就在觀音山的正對面。他說，有幾個和尚最近在萬花山上搭了茅篷，還有一些人想到那兒去。他說，那兒比觀音山僻靜多了。我做了筆記。

已經是中午了，但是住持沒有請我們留下來吃飯。很顯然，南雅寺的糧食供應太少了。我們告辭了，開始沿著觀音山的另一面往下走。山上仍然有殘雪，但是連續一個星期的晴天已經使路況有了很大的變化。十分鐘後，我們到了一座名叫西靜寺的小廟。一位尼師出來迎接我們。她是圓照的弟子，一個人住在那裡。她堅持要我們留下來吃點兒剩的炒米飯。我想她一定是南方人。在北方，饅頭和麵條是常見的主食。當她忙於熱米飯的時候，我四下裡看了看，發現西靜寺像南雅寺一樣，也有一間單獨供奉著道教神仙的偏殿。一個什麼人都能來的地方。

午飯後，我們繼續沿著山路往下走。在一個地方，我們驚起了一隻像狗一樣大的兔子。山坡上鋪滿了去年秋天的落葉，那隻兔子從山坡上跳竄而下的聲音把我們也嚇了一跳——其程度跟我們嚇著牠的程度差不多。二十分鐘後，我們路過金蟬寺。沒有人在。幾分鐘後，我們路過一間茅篷。晒在太陽底下的衣服是一位尼師的。還是沒有人在。五分鐘後，我們到了一條深谷的谷底，走過一座木橋，往對面的山坡上爬去。又過了幾分鐘之後，我們到了龍王寺。它是明朝的一座老比丘尼道場。東南大約一百米處，是未來的觀音寺的寺址。回首看看觀音山，我估計，我們在山峰西南不到兩公里處。

山中採藥人

龍王寺的一位尼師告訴我們，圓照住在一個小平臺上的一座小土房裡。那個小平臺是開出來給觀音寺將來建大殿用的。我們跟著那位尼師，爬上了去圓照住處的山坡。她正盤腿坐在炕上。炕是一種土床，裡面安著爐子，在整個中國北方都很常見。

我進去的時候，她說：「你回來了。好。現在我們可以聊聊了。上一次我還不能肯定。現在我知道你是為法而來的了。」我很高興我做了再次拜訪她的努力。她已經八十八歲了，但是在曾經跟我談過話的人中，幾乎沒有人像她這樣機敏。她出生在中國東北吉林省的一個中醫世家，祖上六世行醫。她的祖父是一個和尚，她的父親後來也成了和尚。她十六歲就出家了，畢業於北京的佛學院。後來，她回到東北，在那裡創建了四所佛學院。我問她為什麼要離開東北到終南山來。

圓照：我被騙了。是智真（音譯）騙了我。當時智真是西安臥龍寺的方丈，他每天誦三十遍《金剛經》。一九五三年，他來看我，我到火車站去送他的時候，他往我手裡塞了一張車票，就把我一起拉上了火車。我兩手空空地來到了

圓照比丘尼的茅篷

西安，甚至連一套換洗衣服都沒有。他不希望我繼續工作，而想讓我修行。後來，我接任了草堂寺的方丈。紅衛兵來的時候，我叫他們走開。我沒有讓他們進來。如果我讓他們進來，他們就會砸了鳩摩羅什塔。我做好了死的準備。那是很久以前的事兒了。再後來，我受不了寺廟裡的生活，就搬到觀音山來了。那是十年前了。我覺得它是一個死的好地方。去年，我覺得觀音山的前面不夠安靜，太多的人去爬那座山，所以我就搬到後面來了。可人們還是來看我。兩個星期前，有幾個大學生來跟我學《華嚴經》，跟我一起住了一個星期。

問：我聽說您修密宗？

圓照：是啊，不過我們那一批沒剩多少了。現在幾乎沒有人修密宗了。最初我是在北京跟噶舉派領袖、十六世貢嘎活佛學的。它跟達賴喇嘛和班禪喇嘛的格魯派不一樣。密宗比較快捷。我很快就會死的，所以我學了密。現在我還在等死，就等著那把火啦。

問：密宗修行跟淨土宗修行相似嗎？

圓照：密宗修行更接近於禪。它是禪的極致。但是它不是給普通人修的。它就像開飛機，很危險。淨土宗修行就像趕牛車，很安全，什麼人都修。但是，它花的時間要長一些。

這麼多年來，圓照曾教了那麼多弟子，我想她一定記住了自己的演講，或者至少她誦的經的引文。於是我從包裡拿出一張書法紙，問她願不願意把佛教修行的本質給我寫下來。她把紙放到一邊去了，於是我沒有再提起這個話題。兩個月後，我回到臺灣以後，收到了她寄來的那張紙，上面寫著四個字：「慈、悲、喜、捨」。她的書法清晰有力，就像她的心一樣。

圓照比丘尼在炕上

晚飯後，在未來院子對面的一間小土房裡，我和我的同伴蓋著毛毯，伸展著四肢躺著。半夜裡，天空隆隆作響。緊接著一聲巨響，炸開了一個霹靂，隨後大雨如注，直到天亮。

第二天早晨出去的時候，我幾乎沒法走路了。每走一步，就有一斤重的黏黃土黏在我的鞋上。早上我們吃完玉米粥和炒馬鈴薯以後，圓照來到我們屋裡。她想教我們一個開悟的捷徑，如果我們接近死亡的時候，就可以用它。她說，如果我們修這個法而不想死，我們就會得上可怕的頭痛病，不管怎麼樣都會死的。她咯咯地笑著，我們三個人都爬到了炕上的毛毯底下。她教了我們一條咒語、一串梵文音節，據她說最初是由外太空的生命教給人類的。她還教了我們另一條咒語，說是解藥。當死亡決定從我們身邊經過的時候，或者我們從它身邊經過的時候，我們就可以用它。

後來我們來到外面。空氣中還有一些水氣，但是雨已經停了。我們決定，只要能走就走。圓照說，走觀音山上的路是不可能了，她建議我們走一條更容易走、也更短一些的路，這條路沿著一條深谷的邊緣，向西北而下，直到澧河。路面上鋪滿了落葉，坡度也比較平緩。她告訴我們，縣政府已經考慮好，要沿著這條深谷往上修一條路，以發展這一地區的旅遊業，但是這一計畫暫時被擱置著，要等到經濟好轉才會實施。我們對這一想法深深嘆息，揮手道別；然後沿路而下，一路上練習著我們的新咒語。

一個小時後，我們出來了，到了喂子坪村。經過昨天一個晚上，灃河已經變得狂野起來。我們從橫跨灃河的一座橋上走過，然後開始沿著路走。河谷裡到處是一片一片的竹林；透過霧氣，還可以看到野桃花。

一個小時後，我們到了一個叫李原坪的村莊。在那兒，我們又過了一座橋，重新回到河對岸。

我們沿著一條路走著，穿過田野，經過村南頭的一個巨大的池塘。橙黃色和金黃色的魚在水中橫衝直撞。我的同伴說，牠們是從越南來的。剛過池塘，就是通向西觀音寺的那條路。它沿著一座陡峭的山坡筆直而上，而且路面很滑。所幸沿途有不少樹枝和石頭可抓。

一個小時後，我們越過山脊，從山的另一面往下走。路變得平展起來。一隻黃胸、黑白條紋翅膀的啄木鳥避開我們，繼續在一根斷枝上啄著。我們來到霧氣中的一個地方，這就是西觀音寺。我們喊著「阿彌陀佛」，走進泥地院子，四位年輕和尚和方丈聖林出現在門口。我的同伴走開，去跟其他的和尚聊天，於是方丈就邀請我跟他一起到齋堂裡去。他說，他劈柴的時候，我們可以聊聊。他七十四歲，出家三十多年了。在過去的十四年裡，他一直住在西觀音寺。他是從淨天手裡接過這個寺廟的——淨天現在已經搬到南方四川省的成都去了。

當我向聖林問起他的修行時，他說他太笨了，不能修禪，只念佛。他大笑起來，但他不是開玩笑。

聖林：現在禪不合適了。要修禪你得有很深的根基。好根器的人太少，他們不常見。過去任何人都可以修禪，但是現在不行。這不僅僅是我的觀點，也是印光大師的觀點（印光是二十世紀早期的一位和尚，他在中國重新建立了淨土宗的修行）。現在淨土法門是唯一適合每一個人的法門。區別就在於淨土法門要仰仗佛力。你不需要太深的根基。禪宗則完全靠自力。這就難得多了，尤其是現在。

過去有很多開悟的和尚。但是，現在有幾個開悟的？我認識的人裡面一個也沒有。也許有些和尚以為他們開悟了，但是他們沒有。他們把妄想當成開悟了。這就是印光大師說最好仰仗佛力念佛的原因。誰更有力量，你還是佛？淨土法門更有把握成就。如果你根基不深，又去修禪，你可能修一輩子，哪兒也去不了。淨土法門並不容易。你必須決意要往生淨土，否則念佛不會有任何好處，只不過是迷信罷了。淨土法門是不需要解釋的，關鍵在於信。但是信比解釋更有力。你看不見淨土，只有佛才能看見淨土。眼睛是沒有用的，你必須依靠佛。

聖林告訴我，他在等一位出色的和尚來接管西觀音寺——他只是一個看守者。這座寺廟差點兒被當成了農舍，但是聖林說，這裡是終南山最好的修行場所之一。他說，難怪農夫們要到終南山的這一帶來，這裡陽光充足，雨水豐沛，土壤肥沃。就在我們剛剛到寺裡以前，透過霧氣，我瞥見了菜園的一角，還有幾棵果樹。他說，他們的果園裡有梨樹、蘋果樹和柿子樹。然後他哈哈大笑，給我講了一個故事：去年秋天，一隻熊把他和其他的和尚趕到屋裡，然後吃掉了寺廟的柿子樹一半的收成——其時那些柿子正在外面晾著。聖林很風趣。他一口氣數出淨土宗十三代祖師的名字，然後大笑起來，笑自己居然還記得他們的名字。

正當我跟聖林聊天兒的時候，我的年輕夥伴兼嚮導進來了，說我們該走了。當時已經是半下午了，如果我們不馬上走，就可能錯過淨業寺的晚飯。

回去的路上，我的嚮導告訴我，他和西觀音寺的一位和尚曾經一起住在少林寺（少林寺在河南省，菩提達摩就是在那兒把禪傳給中國人的。還有些人說，也傳了武術）。他說，少林寺和尚的名聲很差，那些離開的人很難在其他寺廟找到地方。被淨業寺收留了，他感到很幸運。他的朋友就被拒絕了。他說，問題是，旅遊已經把少林寺變成了一座養老院了，任何待在那裡的人，都被認為對名聞利養比對佛法更感興趣。

我們在濃霧中摸索著往前走，回到山嶺上。過了橋，出來重新回到路上。一個小時後，我們經過了另一片沙洲，沙洲上有幾座房子，這就是二道橋。可是這兒一座橋也沒有。八月裡，史蒂芬和我來這兒的時候，我們是蹚水過河的。經過對岸的幾座農舍，在一條岔谷的入口處，我們找到了傳福（音譯）的茅屋。

當時傳福三十七歲。她在十七歲的時候，出家當了道姑。三年後，她轉到佛

傳福尼師和作者在她的小茅篷裡

教門下，在豐德寺和草堂寺過了五年。後來，她曾經試過住觀音山，但是差點兒餓死了。過去的三年裡，她一直住在我們遇見她的時候她住的那座小茅屋裡。她說，她可以用採草藥賣的錢買她需要的東西。我想，除了當地的農民，以前可能從來沒有人來看望過她。談起她的生活和修行，她幾乎要哭出來了。她很孤獨。而且她的屋頂漏雨了。她說：「如果你還很執著，如果你還沒有看破紅塵，你就不能住山。山裡的生活很苦。但是，一旦你看透了這個世間的虛幻，苦也就無關緊要了。唯一要緊的事情就是修行。如果不修行，你永遠也擺脫不了妄塵。」

當我問她史蒂芬可不可以給她照張相的時候，她進屋去了。出來時穿著正式的法衣，那是她保存的留著特殊場合穿的。

後來我們告辭了。史蒂芬和我繼續向山谷深處走去。路就在山坡的邊緣，然後過了河。不到一個小時之後，我們聽到了錘子的聲音。不一會兒，我們就來到一小塊空地上——它的一半已經被一座大茅篷占滿了。

這是徹慧（音譯）的家。她的房子狀況很好，不像傳福的小草房。她的屋頂鋪了瓦。幾個農民正在剝綠色的核桃皮。徹慧正站在外面。她剛一看見我們過來，就進屋去了，拿了幾只凳子出來。我們互相問候，然後坐下來。又有兩個婦人出來了。一個是徹慧的妹妹，另一個則是她的弟子。當她的弟子去拿水倒茶的時候，徹慧告訴我們，她是吉林人，二十世紀五〇年代的時候，她跟家裡人一起來到這一地區。她們是來修通向西部的天水和蘭州之間的公路的，後來不在那兒了。一九五七年，她宣布說她想出家。她的父母兄弟都不同意，但是她拒絕改變主意。她在一座寺廟裡學了五年佛，然後來到灃河河谷上游，在靠近西觀音寺的地方搭了一間茅篷。七年後，她又搬了家，建起了她現在的房子——過去的二十年裡，她一直住在這兒。她七十四歲了。我想，傳福的事

穿著正式法衣的傳福尼師站在她的小茅篷前

兒仍然壓在我的心頭。我問她是否曾經感到過孤獨。

徹慧：不，我喜歡一個人住著。我不能離開這座山。每次我離開，我都想馬上回來。另外我還有一個弟子，所以我不覺得孤獨。

問：你多長時間下一次山？

徹慧：我大概每個月到山下的村子裡去一趟，去買一些東西，比如米、麵、油、鹽之類的。如果我什麼都不需要，我就不下山。需要的菜我都自己種，整個冬天光吃馬鈴薯。夏天，我每天都在菜園子裡勞動。通常總有東西可吃。如果沒有，我也不著急。

問：你從這一帶其他的出家人那裡得到的幫助多嗎？

徹慧：不，我們靠自己。如果我需要錢，我家裡會想辦法幫助我。現在我妹妹正來看我。快三十年了，我倆才頭一次見面。她在瀋陽給一家貿易單位做了三十六年，今年早些時候終於退休了。她現在生病了，想在死前來看看我。現在她到這兒已經一個月了。我們需要的東西不太多。我們每個月花錢不超過十至二十塊錢（二至四美元）。我們很節儉。比如說，我們一個月只吃兩斤油。還有，我有四棵核桃樹。有的年頭兒，我的核桃能賣一百多塊錢。過去的這兩天，這些農民一直在幫我收核桃。

問：你修行的時間多嗎？

徹慧：每天晚上我睡覺前都打坐。每天早晚我都誦《地藏經》和《金剛經》。我只是剛剛上了第一個臺階，但是我已經學會了認經裡的字。我可以透過自己的經驗告訴你，如果你修行，你就會有所得；如果你不修行，你就會一無所獲。

問：你受「文革」的影響了嗎？

徹慧：不太大，他們來了，把我的香和點香的東西拿走了。但是，我把我的佛像藏起來了。他們沒有抓我，而且他們再也沒有回來過。我跟從前一樣地修行。但是其他出家人卻有很多麻煩，尤其是那些住在寺廟裡的。很多人被迫離開寺廟還俗了。這座山是一個被迫還俗的和尚的。他再也沒有別的東西了，就想把這座山賣給我。我家裡想方設法湊了三百塊錢（六十美元），他就簽字把它轉讓給我了。紅衛兵來的時候，他們把地契拿走了。他們不認識字，以為那是宗教宣傳。我想把它要回來的時候，他們說我是反革命，把它燒掉了。我一直在想辦法讓政府重新給我一份地契，但是像我這樣一個老尼姑，他們根本不會在意的。

問：有人曾經上來看過你嗎？

徹慧：沒有，一個人也沒有。更不要說外國人了。

就要起大霧了，於是我們告辭。回去的路上，當我們走到河邊的時候，傳福拎著一大袋子核桃，在那裡等我們。這袋核桃足有四十斤重。剛才我給了她足夠的錢，讓她修繕屋頂，因此她堅持要我們收下這些核桃。她說她總共只有這些東西了。我們謝了她，想方設法把核桃背過了河，弄回西安去了。

那是八月分，河很容易過。現在是三月下旬，下了一夜的雨，現在這條河已經變得混濁而危險，水面上漂滿了樹枝。這一次，我從二道橋走，三十分鐘後，就回到了淨業寺。我謝過給我當嚮導的那位年輕和尚，他消失在自己的房間裡——我想，他最後一定已經跟我一樣疲憊不堪了。回到房間裡，我把暖水瓶裡的大部分熱水倒進一個盆裡，洗了一個澡——把我的紮染印花大手帕當了毛巾。換了乾淨衣服以後，我用暖水瓶裡剩下的熱水沖了一杯即溶咖啡。在臺灣的時候，我的朋友山德（音譯）曾經給了我一些自家做的小餅，我把剩的最後幾個吃了，然後睡著了。我睡得錯過了晚飯，直到第二天早上才醒來。

又吃了一頓玉米粥早飯之後，開龍問我，還有沒有哪些地方我想去。我已經去過了山頂上的道宣塔，以及附近的白居易墓（作為唐朝最偉大的詩人之一，白居易關心民眾疾苦，所以很可以理解，他在洛陽還有一個墓）。我建議去東面青華山上的臥佛寺看看，開龍答應給我帶路。

開龍領我走上稍遠一點的附近一座山上的路。這條路實際上是一條山脊，我們只花了大約九十分鐘，就走了三公里——正是這三公里把這兩座寺廟隔開了。剛剛走到山頂，我們聽到了遠遠的山下一聲炮響。

臥佛寺是一個大雜燴，很多小建築攢聚在一座石峰下面。其中的一座建築裡有一片岩壁，岩壁上雕了一尊臥佛，那是不到二百年前淨業寺過去的一位方丈刻的。在另一座建築裡，我們遇到了四位男居士和一位女居士。他們在那裡不是修行，而是給偶爾的香客和週末的遊客提供飲食的。我們加入進去，跟主人一起吃麵條。此時開龍提起了這個話題——假定淨業寺要重新接管臥佛寺。他說，他要做的第一件事情，就是拆掉所有擠在峰頂的這些建築物。唯一的反應是啜吸麵條的聲音。我們一吃完飯，就告辭往回走了。

這才是開龍第二次來青華山，因此在濃霧中，我們迷路了。幸運的是，那座山嶺很難錯過，所以我們很快就重新找到了路。儘管開龍才二十五歲，但是他對於在這一帶重新把寺廟建成修行場所等實際問題，有著良好的理解力。他的長期計畫——我想那也是廈門妙師父的（妙師父一直承擔著這個項目的很多費用）——是把豐德寺、臥佛寺和淨業寺合併成一個主要的修行中心。

大約再過十分鐘，拐一個彎兒，就能看見淨業寺了，開龍提議我們去看看一個叫東溝的地方。道宣的弟子和他們的繼承人曾經在那裡建了很多茅篷。其中的四十八座代代相傳，直到「文革」期間，它們才被毀掉或者被廢棄。開龍說，這些茅篷正在重修。

一條路沿著山嶺的南坡而下，很快就把我們帶到第一座茅篷前。山谷裡有一條小溪，這座茅篷就建在溪上。周圍有幾小塊地，是空出來留著種菜的。前天這座茅篷就已經完工了。它是一座土房，我了解到，這些土坯不是太陽晒乾的，而是一成形的時候就把它壘上去了。現在土坯還是濕的。屋裡有兩鋪炕，兩個想搬進來的和尚已經在炕道裡生了火，想把房子烤乾。屋頂蓋了瓦，窗上有窗框，這似乎在暗示著有朝一日這些窗框能安上玻璃似的。兩位北大畢業生計畫住在這裡，其中的一位告訴我們，建這個土屋，六個工人幹了兩個星期，花了五百塊錢（一百美元）。它看起來結實得似乎能堅持一輩子。

第　七　章

雲中君

長安是古代中國的中心，是十一個朝代的都城，是一個北起朝鮮、南至越南，東起太平洋、西至波斯的大帝國的中心。直到後來，它的光輝才被洛陽、開封、杭州和北京這樣的城市所遮蔽。西元七、八世紀，在長安的巔峰時期，它是當時那個時代世界上最大的城市，也是移民最多的城市。它是「大海」，中國所有的文化潮流和經濟潮流都匯入其中，它也是中國最大的市場。長安位於絲綢之路的東端，也是中國第一個國際性的城市。西元前二〇〇年，長安剛一建好，就已經成為一個旅行者的城市。

西安是長安的現代化身。我對西安最持久的印象就是：成千上萬的人戴著白帽子走來走去，就像朵朵白雲，飄浮著，打著漩渦，流淌過街道。這個城市人口的很大一部分比例源自中亞，而白帽子就是在所有伊斯蘭教文化中常見的頭巾的另一種形式。這裡還有規模很大的滿族人、蒙古人和西藏人的團體。一本旅遊手冊中列出了三十八個少數民族。一九九〇年，這個城市的人口是三百萬。而六十年前則是不到二十萬。

西安現在仍然是一個旅行者的城市，與此相協調的，它的城市標誌是一隻大雁。這是這個城市最著名的旅行家玄奘的遺澤。玄奘對佛陀「法界唯心」的教義心存疑惑，為了解決這個疑問，西元六二九年，玄奘離開長安，動身去印度。兩年後，玄奘到達印度，開始向瑜伽宗最後一批大師學習唯識的教義。十五年後，即西元六四五年，玄奘回到長安，唐太宗用專門歡迎得勝還朝的將軍的盛典，歡迎玄奘歸來。

唐太宗想知道玄奘在旅途中見聞的所有事情，於是玄奘別無選擇，只好滿足太宗的好奇心。結果是玄奘的《大唐西域記》和兩人之間的一份獨一無二的友誼。隨著時間的推移，玄奘的記述被演繹成了《西遊記》——《西遊記》是中國最著名、最受人喜愛的小說之一。然而，玄奘對寫小說或編撰旅遊地名詞典不感興趣，他急著動手翻譯從印度帶回來的佛經。西元六四八年，太子邀請他在都城的慈恩寺建起了一個譯經中心——慈恩寺是太子為了紀念他的母親而修建的。

玄奘搬進去之後不久，他開始注意到這個問題：火災或風暴有可能會毀掉他花了那麼長時間收集的無價之寶——佛經。他請求太宗同意建一座塔，用來儲藏佛經，太宗恩准了。後宮的嬪妃們把自己的珠寶首飾布施出來，用以支付建這座塔的費用。西元六五二年，它竣工了。

這座塔建起來之後不久，進士們就開始在塔的高層拱廊附近簽上自己的名字——從拱廊那裡可以眺望四面八方的風光。這些名字排列在一起，使人們聯想到雁陣，於是人們開始把這個建築物稱作「大雁塔」。西元七五二年，杜甫和其他人一起到那裡去簽名，他寫了一首詩，以紀念此事。在此詩的結尾，杜甫寫道：

黃鵠去不息，哀鳴何所投？
君看隨陽雁，各有稻粱謀。

這個名字被叫開了，從那以後，這座塔就一直被稱作大雁塔。現在它仍然在城市的東南角——方圓六十四米。但是，雁群已經不見了。我所能找到的唯一的名字，都不早於兩百年前：清朝的信筆塗鴉。在外面，我停住腳，去讀門兩側的兩塊石碑，石碑上是玄奘譯經的序言。這兩篇序言是太宗和太子擬制、褚遂良書寫的。褚遂良是中國最偉大的書法家之一。我練習書法的時候，有好幾年，都是用這兩篇碑文作臨摹的範本。在這裡看到它們，就好像遇見了一位昔日的老師。

在唐朝，這座寺廟還因為牡丹而聞名。牡丹四、五月分開花。現在，在大殿的下面，沿路排列著幾十叢牡丹。一位和尚告訴我，花期的時候，這些牡丹仍然能吸引到很多遊人——儘管寺廟的廟基已經縮小到過去的十分之一，儘管住在那裡的三十位和尚看起來像一座紀念館的管理人員。其中一位和尚告訴我，玄奘的舍利在終南山附近的另外一座寺廟裡。於是我雇了一輛車和一個司機，向山裡開去。

路從慈恩寺北開始，我們沿著這條路向東南方向開去。一公里後，我們路過一個名叫曲江池的村莊——在古代，曲江池是長安最著名的風景名勝地。開始的時候很簡單，那是在秦朝和漢朝，那時候曲江池只是一個由一眼天然泉供水的池塘，周邊種滿了樹木花草。在此後的朝代裡，這個池塘被擴浚得規模很大。西元七、八世紀期間，它變成了一條曲曲折折的水路，包括瀑布、河流和池塘等各種水文景觀，東西占地兩公里，南北四公里。為了保證曲江池的水源供應，人們修建了一條水渠，把水從終南山一直引到這兒來。沿岸亭臺別墅林立。春天，皇室成員都到這裡聚會，來觀賞西岸的杏花。夏天，他們來觀賞沿著東岸盛開的荷花。

一個飲酒遊戲（曲水流觴）也是在這裡起源的。玩這個遊戲要倚賴水和風的變化。遊戲開頭是用一壺酒放在一個木頭器皿（觴）上，然後讓它沿著水池漂流，一直漂到某位參加者的面前，這位參加者就得給自己斟一杯酒，在一卷準備好的條幅上匆匆題上一行詩，然後把那個木頭器皿（觴）再推出去。當所有的人都醉得題不成詩，或者酒喝光了的時候，這個遊戲就結束了。當水枯竭了的時候，這個遊戲則永遠地結束了。十世紀到過長安的旅行者們說，那些亭臺樓閣已淪為廢墟，曲江池已經種上了莊稼。但是記憶還存留著，人們仍然把這個地方稱作長安八景之一。

剛剛經過這座村莊，我們拐上一條土路。一分鐘後，這條土路在一個叫寒窑的地方終止了。寒窑是一條溝，向黃土高原深處蜿蜒幾百米。王寶釧就是在這裡等待她丈夫的，一等就是十八年。

王寶釧是唐朝一位丞相最小的女兒。這位丞相急著要給她安排一樁政治婚姻。寶釧拒絕嫁給她父親提議的任何人，於是她被迫去爬大雁塔，向下面扔繡球。誰抓到那個繡球，她就得嫁給誰。前一天夜裡，她曾經見過一位貧窮的流浪者，當她看到他的時候，就把繡球扔給了他，他抓住了它。他的名字是薛平貴。然而，寶釧的父親拒絕承認薛平貴，把他打發走了。寶釧卻不肯接受父親的決定，於是她也被趕走了。年輕的夫婦無處安身，只好搬進一座廢棄的窑洞裡，這座窑洞的黃土牆上刻著「寒窑」二字。

之後不久，唐朝與北方的游牧民族東胡之間爆發了戰爭，薛平貴從軍了。很不幸，軍隊是由王丞相的一位女婿所領導的。他給薛平貴設了一個圈套，導致薛平貴被敵人俘虜了。

儘管有人向寶釧報告了薛平貴的死訊，可是她還是繼續待在寒窑裡，忠貞不渝地等待丈夫的歸來。十八年後，唐朝與東胡和解了，薛平貴被釋放了。當他回到長安的時候，他在他們的窑洞外面發現了自己的妻子，她正在採摘一種名叫薺菜的野菜——薺菜又被稱作「羊倌的錢包」。薛平貴不在的這些年裡，她一直靠它維生。

參觀了寶釧的窑洞之後，我們停在寒窑這條溝入口處的一個小食攤前，早早地吃了午飯——煮餃子。餃子餡兒是新摘的「羊倌的錢包」。味道有點辣，我想像著，至少王寶釧沒覺得它單調乏味。

我們回到主路上，再次向東南進發。但是沒有開多久，一分鐘後，我們向右拐上一條土路，這條土路穿過長滿了粟苗和穀子的田野，經過兩座磚窑，向上經過鳳棲原的土坡，來到胡亥長滿了刺藤的小墳墓前。

胡亥是秦始皇的兒子。西元前二一〇年，秦始皇駕崩了。作為第二個皇帝，胡亥統治了三年。這三年都是按照太監趙高的意願行事的。有一次，趙高把一頭鹿帶到年輕的皇帝面前，說牠是一匹馬。沒有人敢駁斥這個太監，於是皇帝以為自己產生了幻覺。兩個星期後，趙高安排了另一次「幻覺」事件，他命令士兵們裝扮成強盜，「襲擊」宮殿。皇帝迅速地自殺了，被另一位傀儡所取代。

毫無疑問，儘管盜墓者們做了他們該做的工作，但是胡亥的墳墓一直沒有被掘開，而且也很少有遊客參觀。它位於一度是曲江池的那個盆地的南端。我仍然能夠辨認出墳墓下面的那一塊高地，在那裡，皇帝們在紫雲樓款待進士。御宴後，進士們會沿著曲江池岸，緩步徐行到大雁塔，簽上他們的名字，然後變成大雁。

回到主路上，我們沿著古代黃渠的路線，繼續向南行進。黃渠曾經給曲江渠供過水，將來也許會再次這樣做的。胡亥墓的一位管理人員告訴我，政府已經擬定了計畫，要修復曲江渠，建一座大型的公園。他說，為了這一目的，人們已經在終南山的大峪入口處修建了一座堤壩。

過了胡亥墓四公里，我們又一次停下來，恰巧停在東伍村前。我們的左方杜陵原上、墳塚累累。其中的一座離路不到二百米，於是我們穿過腳踝高的粟苗地，去考察那個地方。它包括一座中心墳墓，左右兩側是兩座小墳墓，還有一條丹墀，兩側排列著十二座馬和官員的石雕，歡迎著來訪者。它們都是用整塊的花崗岩雕鑿的，所有這些東西都明顯地處於良好狀態。同樣引入注目的是，這個地方被撂給當地村民管理。我撿起一片屋瓦，把它給一個農民看。他說，歷史學家們曾經來過這個地方。但是，不能斷定這是誰的墳墓。後來，我找到了一張老地圖，上面注明這是獻帝墓。獻帝是漢朝的最後一位皇帝，西元二三四年卒。

從獻帝墓向東走不遠，有一座大得多的陵墓，它比這片平原至少要高出一百米。那個農民和那張老地圖的說法是一致的，他們說這是宣帝陵——宣帝卒於西元前四九年。我用望遠鏡瀏覽了一下周圍的平原，到處都是墳墓。

我們回到汽車裡，向東南開了十五公里，來到一個集鎮——引鎮。從這裡開始，我們腳下的路和昔日的黃渠水道都向南延伸了六公里，一直通到大峪入口處的新大壩前。過了大峪是嘉五臺，從唐朝起，嘉五臺就因為山峰險峻、環境清幽而在佛教徒中享有盛名。我已經跟史蒂芬一起遊覽過兩次嘉五臺了，現在我想再爬一次。

但是首先，我想在引鎮東面八公里處的興教寺稍作逗留。幾分鐘後，我們到了興教寺長長的紅牆外。興教寺位於少陵原的西部邊緣。二十三米高的玄奘塔是它最主要的建築。玄奘塔像一棵巨柏的主幹，屹立在紅牆後。西元六六四年，玄奘圓寂後，他的舍利被安放在都城附近白鹿原上的一座塔裡。但是，時時能看到玄奘塔，使皇上很悲傷。西元六六九年，它被遷到了這兒。從那以後，它就一直矗立在這兒——都城南面二十公里處，在終南山的注視之中——有一次，玄奘曾經把終南山形容為「眾山之祖」。

玄奘塔比它的原型大雁塔要小得多，但是它卻高高地凌駕於鄰近的兩座三層塔之上。那兩座塔裡是玄奘最著名的兩位弟子窺基和圓測的舍利。很多個世紀以來，中國佛教唯識宗的三位創始人的舍利塔，成功地經受住了戰爭和自然災害的考驗，倖存了下來。殿堂就沒有這麼幸運了。它們數度被毀，又數度重修。最近的一次是在一九三九年，是蔣介石為了紀念他的母親而修建的。主要建築的狀況仍然相當良好——這要感謝周恩來，即使在「文革」期間，他也下令要保護興教寺。

在大殿的門口上方，懸掛著一塊匾額，上書「興教寺」三個字。這是詩人、哲學家康有為題寫的。一八九八年，光緒皇帝委託康有為按照現代綱領來改革大清帝國，但是這個計畫被慈禧太后和她的黨羽破壞了，康有為不得不流亡日本。雖然最終康有為還是回來了，但是他卻在幽居中結束了自己的一生。他在這塊匾額上的書法落款是一九二三年，即他去世之前四年。他是六十九歲的時候去世的。

大殿裡沒有什麼特別值得注意的東西，但是後殿裡卻存放著一些令人難忘的珍品。在幾幅明代的佛菩薩畫像旁邊，有三尊銅的唐代大悲觀世音菩薩塑像。在玄奘的旅途中，每當他遇到困難，他都是祈念觀世音菩薩聖號。我上了一些香，然後問侍者，我能不能跟方丈談談。

幾分鐘後，侍者回來了，把我領進方丈的臥室——也是他的辦公室。他坐在一張大桌子後面。桌面是一大塊黃瑪瑙板——那是蔣介石送給興教寺的禮物。方丈的名字是常明。我向他做了自我介紹，解釋說，我正在這一帶參訪隱士。

在我們談話的過程中我得知，常明七十四歲了，咸陽人——咸陽就在西安的西面。一九三七年，他出家後，搬到了終南山，住在南五臺上的紫竹林。在那裡，他與師父佛塵一起，待了將近二十年，直到政府開始驅逐和尚出山為止。一九五六年，他行腳到了北京，在首都的佛學院學習。兩年後，重新回到佛塵身邊。那時候，佛塵已經被任命為興教寺的方丈。一九八一年，佛塵圓寂了，常明接任了方丈的職位；他也是陝西省佛教協會的副會長。我問他，開始修行的時候，他為什麼選擇了終南山。

常明回答：「自從佛教傳到中國以後，人們一直就來終南山修行。甚至中國南方的和尚和尼師也來這兒修行。他們待上三、五年，然後回到南方，建立自己的修行中心。這兒是為法出家的和尚和尼師來的地方。修行不是一兩天就能完成的事情。你要花費很多年時間，才能真正有所得。這不容易。但是，來這兒修行的人都不怕苦。這正是他們來這兒的原因。他們中的很多人在這座山裡開悟了，還有很多人繼續修行，將來會成為大師。在現代，虛雲和印法（音譯）曾經住過嘉五臺；印光和來果住過南五臺。這兒是他們開悟的地方。每個人都知道這些山是個修行的好地方。這就是我選擇它們的原因。」

儘管常明很熱心，卻不太健談。他領我參觀了寺廟東廂的藏經樓。裡面有很多重要佛經的翻印品，但沒有一本是玄奘的原稿。後來，在寺廟流通處，我買了一張拓印的畫，上面是玄奘，背著他精緻的佛經袋。它是從寺廟的一塊石碑上拓印下來的，這塊石碑刻於一九三三年。

常明說，儘管他和佛塵都曾經在南五臺上住過——南五臺在興教寺西南十五公里處，但是興教寺卻與嘉五臺有著一種特殊的關係——嘉五臺在興教寺南面不到十公里處。他說，當嘉五臺的隱士們病得很重，或者年紀大到無法照料自己的時候，他們就會到興教寺來，而興教寺的年輕和尚們也仍然去嘉五臺，加深自己的修行。

常明讓我在大殿外等一會兒。幾分鐘後，他帶著一位老和尚回來了。他介紹說，這位老和尚是光善。他說，光善在嘉五臺後山的一個茅篷裡住了四十多年。他的茅篷在十九世紀末虛雲住過的那個茅篷的上面不遠。光善九十八歲了，是前年下山的，那時候，他已經不能再種地了。我問光善，嘉五臺上是否還住著其他的隱士。我幾乎聽不見他的回答，因此常明不得不重複一遍他所說的話。光善回答說，是有幾個，但是不像以前那麼多了。

問：您原來住在哪兒？

光善：在佛慧茅篷，就在獅子茅篷上面。

問：虛雲過去的茅篷——獅子茅篷怎麼樣了？還有人住在那兒嗎？

光善：自從虛雲走了以後，有幾位和尚住過那兒。但是我不知道現在那兒有沒有人。路不好走。一位大學生曾經爬上去過，不久就下來了，他想搬進去住，但是我不知道他到底住沒住。

常明：大約一個月前，兩個和尚搬到虛雲的茅篷裡去了，但是我不知道他們想待多久。

問：如果路那麼難走，你們為什麼還要住在那兒？

光善：為了安靜。禪和子喜歡安靜。

問：嘉五臺的情況發生了很大的變化嗎？

光善：它仍然很安靜。出家人仍然到那上面去修行。已經有一些小寺廟和小茅篷修復起來了。人們仍然在修行。山腳下還住著一些出家人。

問：您住在那裡的時候，誦的是什麼經？

光善：我不誦經。我只念佛，阿彌陀佛。我還打坐，修禪。禪宗的和尚不誦經。

問：您是怎麼得到足夠多的食物的？

光善：每一個住在山裡的人都自己種菜，種幾種蔬菜，還採集野菜。我需要的一切都自己種。沒有好理由，我就不下山。我有足夠的食物。

問：您多長時間下一次山？

光善：不一定。有時候每兩年下來一次。現在我太虛弱了，不能再住在那兒了。

九十八歲的老和尚光善

光善精疲力盡了，常明便攙著他回裡面去了。

我已經跟史蒂芬去過兩次嘉五臺了。那兩次，我們都是走的這條路線：從引鎮的南面經大峪村，爬到一個小山上，來到一座大壩前——這座大壩現在封住了大峪的入口。然後乘渡船到水庫的盡頭，再沿著一條岩石路走到一座石頭橋上。石橋附近就是五里廟的遺址。河對岸的一條路沿著大峪的一條岔谷而上，最後通到嘉五臺的東坡。這一次，我想爬西坡。常明回到外面以後，同意給我帶路。

我們開車回到主路上，穿過鄉村，曲折前行。有兩次，常明都不得不向農民問路。大約二十分鐘後，我們到達終南山麓。當山坡太陡、車上不去了的時候，我們便停了下來。

上嘉五臺西坡的傳統路線是取道北道峪，現在北道峪就在不到一公里處。回頭望去，常明把新庵寺的舊址指給我們看——它就在我們剛剛路過的那座村莊的南頭。他說，新庵寺曾經是終南山最重要的寺廟之一，直到一九四九年以前，裡面住了幾百位出家人，現在是村小學。常明轉過身來，面朝著山說，這條路繼續沿著北道峪再向上幾公里，成了一條石階。他說，在上面的一些岔谷裡住著幾位隱士，但是他們很難找到。而且，如果我想在日落時分到達嘉五臺，我也沒有那麼多時間——他估計我到嘉五臺要花三個小時。

司機把車掉頭回去的時候，常明在一張紙條上寫了一些字。他說，也許我願意把一位同修的隱士寫的一首詩，收到我所搜集的資料中。這首詩是常慧（音譯）寫的，常慧也是佛塵的弟子。我們道別後，常明消失在了我的視野中，我開始讀常慧的詩：

獨立高峰上，白雲去復還。群山擁足下，嵐霧出岫間。
坐觀天地闊，靜聽古今閒。天真亦無妄，明暗落山前。

現在是四月上旬，北坡上還有一片一片的殘雪。我沿路走進北道峪，大約走了兩公里以後，來到一座冒充太白廟的石頭堆前。它是根據八世紀的詩人李白的名字命名的——李白字太白。在廟裡，我遇見了常花。常花是一位六十六歲的比丘尼，蘭州人。她說，她出家四十多年了，最近的十年，她一直住在太白廟。她說，她剛來的時候，太白廟還是一片斷牆殘垣，然後又補充說，好地方對修行不好。牆現在有了頂，但是整個地方仍然是一片廢墟。她告訴我，五年來，她一直穿著同一套衣服，不過她對她的茶和糖卻很慷慨。我解了渴以後，給李白上了些香，向常花告辭，繼續前行。

又走了一公里，在一個叫二天門的地方，我路過另外一座小廟，裡面有一間新的大殿和一座新的小土房，但是沒有人在家，於是我繼續向前走。剛剛過了這座寺廟，山路在一個叫涼水泉的地方終止了。然後我開始爬一段長長的石階。三十分鐘後，我追上了一個和尚，他肩上正扛著一袋二十五公斤重的麵粉。我們倆都停下來休息。他說他的名字叫遇緣，四十三歲，西安人。原來他就是虛雲過去在嘉五臺後山的茅篷——獅子茅篷的新主人。我問他多長時間能吃光一袋麵。他說一袋二十五公斤的麵，兩個和尚通常能吃四十天左右。

我說，我聽說有兩個和尚住在嘉五臺的後山。他說另外一個和尚叫印慧，寶雞人，也是四十三歲，是一個新茅篷的主人，這個新茅篷在獅子茅篷下面的幾百米處。遇緣說，為了找一個合適的修行地方，他和印慧花了好幾年的時間，最後終於決定在嘉五臺的後坡落腳。他說，他們已經把臥具和一些其他的生活必需品背上去了，現在，他們正在貯存給養，這樣他們就不必常常下山了。他們計畫需要待多久就待多久。我們談了幾分鐘修行，然後一致同意，我們最好繼續往前走。

二十分鐘後，我到了一個平頂的山嶺上，它的名字是分水嶺。上面有一座小關帝廟——關帝是戰神。從分水嶺的西坡向下望去，我能夠看見遇緣正背著那袋麵粉，艱難地爬著臺階——那袋麵粉，他和印慧最終會把它變成饅頭、煎餅和麵條。從分水嶺的東坡向下望去，我能夠看見去年九月分史蒂芬和我所走的那條路。

去年九月，我們沒有走通向分水嶺的那條路。就在路最後一次從河上經過之前，我們向左走，來到山谷深處大約一百米處的一座農舍。農夫在家，同意給我們當嚮導，帶我們到嘉五臺後坡的虛雲的獅子茅篷去。路就從他家的上面開始，然後沿著一條長長的山谷，向上而行。

大約過了三十分鐘左右，我們聽到一陣金屬的叮噹聲。幾秒鐘後，從遮蔽了小路的雜草叢中，閃出一個和尚。那陣叮噹聲就來自於他的木頭枴杖。枴杖頂端有幾個金屬環，以驅趕惡神惡鬼，以及警告野生動物讓路的。枴杖底部安了個小鐵鏟，是在爬比較滑的山坡時用的。他說，他叫果善，山陽縣人——山陽在此地東南大約一百公里處。他六十七歲了，最近的十年，他一直住在大意洞。我問他住在山上的苦況。

果善：對我來說都一樣。只是對你來說顯得苦罷了。

問：你研究哪些經典？

果善：我不認識字。我從來沒上過學。我只是坐禪。

問：你為什麼住得離人群這麼遠？

果善：我是一個和尚。我已經看破了紅塵。只要有足夠的食物，我就待在山上。我一個人生活。當我沒有食物的時候，我就下山。這就是我今天去村裡的原因。我斷炊了。

問：還有其他的人住在山這面的茅篷裡嗎？

果善：除了我，還有另外一個和尚。

問：他住在哪兒？

果善：（他指著頂峰南面的一個山洞。）就在那邊的那個岩壁上面。

問：它離獅子茅篷有多遠？

果善：沿著這條路往上走，過了這座嶺，還要兩個小時。你們為什麼不待幾天呢？今天下午晚些時候，我就會帶著糧食回來的。

我告訴他，我們的司機正在等我們回大壩。也許下一次。我們向他

果善在嘉五臺的山徑上

道別，然後爬上一個山坡。山坡上開滿了黃色的野花，草木蔥蘢，路幾乎看不見了。我和史蒂芬常常看不見對方。我們的嚮導時不時地消失在灌木叢中，重新出來的時候，手上拿著各種各樣的野果：中國鵝莓，比我曾經見過的所有奇異果都大；還有一種像石榴或百香果的東西，它的種子含有甜甜的乳漿。

當時是初秋，我們一定是碰到了某種有毒的植物。當史蒂芬和我回到臺灣的時候，我們的手上、手臂上和腿上起了一串串的水泡。爐甘石和其他外用藥水都沒有用。最後，一位中醫給了我一種軟膏和一些草藥丸，水泡消失了。在我第二次去那些山裡期間，我了解到，我們碰上了一種有毒的野生漆樹。這種漆樹是原產於終南山的漆樹的一個變種。它是製造漆製品的樹脂原料，有劇毒，對它過敏的人能變成人球。在灃河河谷的一個村莊裡，史蒂芬和我曾經見過一個男孩，他的臉因為漆毒而腫得看不見東西。

在艱難地往山上爬的途中，我們路過五、六座茅篷的遺址。也許還有更多，但是葡萄樹和茂草遮住了我們的視線——除了岩壁上鑿的山洞以外，地面上的東西，我們什麼都看不見。很顯然，這座山上曾經住過很多隱士。

又爬了一個多小時，我們終於到了山頂，開始沿著山的另一面往下走。十分

山中問道

鐘後，我們經過佛慧茅篷——光善一直住在那裡，直到他太虛弱了，無法照料自己。他的舊菜園已經荒蕪了，長滿了雜草。

又過了幾分鐘，我們來到虛雲的獅子茅篷。那是一座石頭房子，背靠著一塊巨大的石頭，面朝南。據農夫說，屋頂的瓦是大約二十年前另一位隱士蓋的。屋前有塊空地，可以開個小菜園，但是從蔓生的雜草來看，這兒已經有一段時間沒有住過人了。

在二十世紀初，虛雲曾在這裡住過三年。一九〇〇年，義和團運動和八國聯軍的入侵，迫使皇室逃出北京，光緒皇帝和慈禧太后在西安設立了臨時都城。大約與此同時，虛雲也到了西安。在《虛雲和尚年譜》中，他對於一九〇〇至一九〇三年之間發生的事情，做了下列記述，當時他六十幾歲：

> 十月，上終南山結茅，覓得嘉五臺後獅子岩，地幽僻，為杜外擾計，改號「虛雲」自此始。山乏水，飲積雪，充飢恃自種野菜……
>
> 冬至，青山老人囑赴長安市物。青山，湘人也，山眾多尊之，與予住較近，多有來往。事畢，適大雪，上山至新茅篷，下石壁懸崖間，墮雪窟中，大號。近

棚一全上人來，救予出；衣內外皆濕，且將入夜，念明日當封山，沒徑，乘夜撥雪歸。詣青師處，見予狼狽，嗤為不濟事。笑頷之，乃返棚，度歲……

歲行盡矣，萬山積雪，嚴寒徹骨，予獨居茅篷中，身心清淨。一日，煮芋釜中，跏趺待熟，不覺定去……

山中鄰篷復成師等，訝予久不至，來茅篷賀年，見篷外虎跡遍滿，無人足跡。入視，見予在定中，乃以磬開靜。問曰：「已食否？」曰：「未，芋在釜，度已熟矣！」發視之，已霉高寸許，堅冰如石。

幾天後，虛雲因為「厭於酬答」，離開了茅篷，到終南山一個更幽僻的地方去了。在他漫長的一生中剩下的歲月裡，他從一座寺廟行腳到另一座寺廟，並且幫助修復了其中的很多寺廟。一九五九年，他在江西雲居山圓寂，享年一百二十歲。他是當時中國最受人尊重的和尚。現在仍然是。

虛雲離開嘉五臺後八個月，佛教居士高鶴年也來到了嘉五臺。在他的《名山遊訪記》中，高鶴年寫道：

昔日的虛雲茅篷空無一人

光緒二十九年癸卯（一九〇三年）八月十二日，由長安經王莽村、劉秀村，八十里（兩里相當於一公里），至北道嶼，即終南山麓。上山十五里，破山石護國寺，俗呼嘉午臺……是時本昌上人有茅篷，假與余住，名小梯，昔慈本上人休息處。山勢壁削，上摩穹宵，下臨絕澗。耳不聞雞犬之聲，目不睹塵俗之境，獨居茅篷，清淨異常。

中秋節（八月十五日，月圓日），余邀茅篷諸師及行腳僧，四、五十眾，普佛利孤，設上堂齋，供佛及僧、施食等事，仍回茅篷。將至門首，沿山一望，月朗如晝……余因於此山之後谷，結茅二處，定名曰「維摩」，曰「文殊」。維摩茅篷將成，供養慈筏、覺苦二師居住……余又邀諸師起七經冬……余負擔經冬供養，並充當內外護七，當值、行堂、茶頭、飯頭、菜頭、庫頭一切雜務等事，均以一身兼之……並助新棉被十條，供養諸師，接連七七四十九日，並留諸上善人度歲……

一日……由峰背下坡，異常崎嶇，龍脊最險，稍不經意，即有墮坑落塹之虞。下面深不可測。約里許，五華洞，昔五華祖師成道處，今德安師住此。（虛雲則說道明住在這裡）問：「大師在此安否？」（雙關語，師名德安，故作斯問）答曰：『此間堪避世，箕坐已忘年。』二里，觀音洞。住者為江西僧，專求生西。

五里，清華山（顯然是一個錯誤，作者一定是指「雪華山」）。山勢陡峭，插入雲表，怪石中起，積雪在林，道路攲側。上有茅庵一處，訪僧不遇。下山至維摩茅篷，覺苦、慈筏二師出迎，是晚暢談。黨師曰：「若欲住山，必須忘山，方見其道。」慈師雲：「若住山，見山不見道，被山所轉，名守山鬼。」

次朝，下大禹洞，大方師專行苦行。定慧師同往後山。五里，踏雪履冰，異常險惡。諸師擬勿去，余答：「欲向蓬萊去，哪問路難行。」余先上，翻大嶺下坡。是時天霽雪化，路滑如油。至修元師茅篷。師住此十餘年矣。余問師在此寂寞否，師曰：「霽月光風同作伴，青山綠水共為鄰。」

又至復成師茅篷，復師同至明道師茅篷。師住此已二十餘載。余問再進深谷還有人否，答：「無他人。據聞內有隱僧，有時而現，鬚長過膝，不知幾百年矣。時聞木魚聲，我屢屢覓訪，無緣得見。」予問山中食糧如何？答：「在此住山，非比他方。每夏秋間，下山募化，無如山下居民太苦，托缽一、二月之久，稍得蘆秫小米而已。假臼舂熟，自負上山。另種洋芋，又有野獸滋擾。柴草自斫。山中水少，自圍水井。天旱時，下山數里負水，非常之難。嶺高奇寒，一片荒山，人跡罕至，道路險惡，種種苦境，若不具真真實實道心，決不能住。體弱之人，更不能居也。惟紅塵遠隔，真為辦道者之聖處耳！」

天色漸漸晚了，史蒂芬和我決定不冒險深入到比虛雲茅篷更遠的地方。史蒂芬拍了幾張照片之後，嚮導告訴我們，要到山頂，時間還夠，只是我們得抓緊。我們回到嶺上，然後走上一條小徑——這條小徑只有我們的嚮導才看得見。在有些地方，我們不得不拽著葡萄藤往上爬。最後，大約一小時以後，我們終於到達頂峰長長山脊的南端。待我們喘過氣來之後，嚮導領我們走上一條岔路，來到觀音洞。觀音洞建在東面的崖壁上，是一個令人難以置信的隱修處。它包括一小塊突出的、長滿了草的岩石，和一個在崖壁上開鑿的水池，那是用來貯積雨水的。我努力去想像在一個月夜坐在那裡。我想像自己在太空中翱翔。

幾分鐘後，在頂峰的北端，我們敲響了興慶寺的後門。等了很久之後，住持才來開門，然後他迅速地消失在齋堂裡。我們看起來一定是像自己所感覺到的那樣精疲力盡了。幾分鐘後，他重新出現了，手裡端著兩碗熱麵條。他叫志誠（音譯），六十一歲，出家四十多年了。他原籍北京，二十世紀五〇年代，

嵌在崖壁上的觀音洞

與師父永明一起遷到了西安地區。後來我了解到，永明還活著，而且是西安慈恩寺和大雁塔的方丈。一九八一年，志誠搬到了嘉五臺，接替了前任住持的職位。我向他請教興慶寺的歷史。

志誠回答道：「興慶寺最初建於西元八世紀早期。大約一百年後，華嚴宗五祖宗密來到這裡，用神通把建築材料從後山搬運上來，擴建了殿堂。這座寺廟過去是非常雄偉的，但是『文革』期間被毀掉了。很多個世紀以來，好多大師都曾經在這裡住過。」

問：您一個人住在這裡嗎？

志誠：不，還有另外三個和尚也住在這裡。今天他們不在這裡。他們下山弄糧食去了。

問：您修哪個法門？念佛還是坐禪？

志誠：我只是隨緣度日。

問：為什麼在這裡？

志誠：我自小就喜歡安靜，而且一直喜歡山。我不喜歡平原。我也曾經在這裡南面的山和東面華山附近的山裡住過。那時候，永明是渭南佛教協會的會長。

問：這附近還有別的和尚住嗎？

志誠：有一個五十歲的和尚，他是兩年前搬到觀音洞來的。但是他最近回福建去了，一直沒有回來。

問：我們從後山上來的時候，路上經過你們的菜園。在一塊菜地裡，我們看到一種野生動物的足跡。

志誠：那一定是野豬或老虎。但是老虎通常待在這裡南面的山裡。牠們不怎麼常到這兒來。過去常常過來，現在不來了。

問：這兒南面的山裡有隱士嗎？

志誠：有，但是我只認識一兩個。觀音洞的另一面有一個。西面的山峰上有個洞。天然比丘尼三十五歲的時候，搬到上面去了、她在那裡待了五十年，直到一九一九年圓寂。但是現在那裡沒有人住。

問：您有沒有什麼修復這座寺廟或者擴建的計畫？

志誠：有，但是那要等到情況好轉才行。也許等護法居士們境況好了的時候，我們會把兩邊的側殿修一修，再把兩間大殿修一修。下面的破山寺曾經住過多達五十個和尚。它現是一片廢墟，只剩下一間偏殿。我也想幫忙把它修復起來。

問：這裡的風很大嗎？

志誠：是的，尤其在冬天。有時候，風把屋瓦都颳掉了。過去的屋瓦都是用鐵做的。

問：我想這裡也很安靜。

志誠：如果人靜，那麼他們在哪裡都能靜下來；如果人不靜，那麼他們就是在這裡也靜不下來。什麼事情都取決於你自己。生命是短暫的，就像一道閃電，或者一個夢。八十年如雲掠過。我們出生了，然後又死掉。但是在我們得到人身以前，我們還有另外一副面孔——我們的本來面目。我們用眼睛看不到它，只能用智慧去了解它。經中說：「離相即佛」。我們都有佛性，我們都注定要成佛。但是成佛不是一兩天就能辦到的事情。你必須修行，然後才能覺悟到你的真性、你的本來面目。

問：人們來參觀的時候，你教他

志誠在興慶寺後門

們佛法嗎？

志誠：不一定。每個人都不一樣。要教他們，你必須了解對方心裡在想什麼，而且你得有些能力。如果有人要淹死了，而你不會游泳，那麼你跳下去沒有任何好處。而且如果一個人不想被拯救，你就救不了他。他必須願意被拯救。

他說這些話的時候，夕陽的最後一縷餘光照亮了他的面龐。史蒂芬和我意識到該離開了。我們對志誠的麵條和他的挽留表示感謝。他在寺廟的門口目送著我們離開，然後回裡面去了。一分鐘後，他又出來了，手上提著幾盞燈籠。但是我們已經開始下山了，於是向後大喊道，我們沒有燈籠也能行。我們揮手道別，然後沿著石階飛奔而下，途中經過六個月後我現在所站的這個地方。

這一次，我獨自一個人往上走，途中經過幾座小寺廟的遺址，爬上蹬雲梯，來到那塊裂縫的石頭前——它把它的名字借給了破山寺（破山寺就是因此而得名的）。我向大門裡望去，驚訝地發現了志誠。他笑了，說他正在為平日住在這裡的一位比丘尼照看破山寺，她原定第二天回來的。他剛剛吃完晚飯，於是回到齋堂裡，去給我熱剩下的玉米粥和馬鈴薯。

我比自己想像的還要餓，因此沒有給看門狗留下任何吃的——剛才進來的路上，牠差點把我的腿咬掉了。之後，志誠領我沿著一條石階下去，這條石階就在齋堂外面。它沿著懸崖的西坡延伸下去，經過一座木板橋，通向喇嘛洞。一百年前，一位著名的喇嘛曾經住在這裡，他在牆上寫了一個藏文咒語，志誠把它指給我看。他說，眼下住喇嘛洞的那個和尚現在在西安。懸崖上還有一段銘文，讚美嘉五臺的幽靜。那是一位名叫性空的和尚寫的，落款是西元六二七年。它說明，至少在宗密來此之前二百年，這裡就已經是一個修行場所了。

志誠還把修真寶洞指給我看，它緊挨著喇嘛洞。向裡望去就彷彿望進了夜晚。他說，那是老修行住的，他們自己有照明的東西。回去往上走的路上，他向我指點怎樣把木板橋吊起來，這樣人們就無法接近那兩個洞了。

太陽下山了，志誠讓我去爬一段名叫朝天梯的石階。它把我帶回到上面的興慶寺。晚上，我和他的弟子睡在同一鋪炕上。他的弟子是一位二十歲的沙彌，他還沒有剃度，但是在山上已經住了兩年了。他說他喜歡生活在生活的邊緣。他的炕上有足夠大的地方，睡我們兩個人綽綽有餘。當時是四月分，人們早已停止燒炕了，可是天氣依然很寒冷，所以我一在鋪蓋裡安頓好，就再也沒有動過，直到天明——那時我聽到鳥兒在鄰近的山嶺上啼叫。

至少我不用再穿衣服了。我穿上鞋，走出寺廟的後門。走過山頂的龍脊，我在一條小路前停下來。這條路向下延伸，經過幾座雜草蔓生的塔，然後掉頭向上，通到西面一百米處、鄰近的雪華山的峰頂上。十九世紀末，天然曾經在一座小石屋裡住了五十年，現在我能夠看見那座石屋的一角。我沒有選擇去她的石屋的路，繼續向前又走了五十米，直到這條路在此分岔。主路繼續向前，經過觀音洞，最終向下消失在嘉五臺的後坡。我走了另一條路，步行約三十米後，到了宗密過去的住處——五華洞（「五華」是「華嚴宗五祖」的縮語）。它包括一堵石頭牆，這堵石頭牆壘在一個突出物的前面。房子一直延伸到那個突出物的上面，就在那裡，石頭屋頂陷下去了。門向東，面朝著東南十公里處的太行山的頂峰——此時朝陽正從那裡冉冉升起。

我回到興慶寺，沿著朝天梯向下爬回到破山寺。志誠正在齋堂裡燒火、念誦。他說住在寺廟裡的和尚吃的飯都是別人做的，但是住山的和尚卻得自己動手做一切事情。我看著他做玉米粥，心想，也許有一天，我自己也有必要知道怎麼做。他等水開了，撒了一些藕粉[1]進去，然後又撒了幾把玉米麵。

1——疑為食用鹼。

嘉五臺頂的興慶寺

志誠說，住在寺廟裡的和尚生活很容易。他們每個月有五、六十塊錢（大約十美元）單金，以供個人開銷。他哈哈大笑起來，然後說，永明一直試圖讓他下山，搬回到大雁塔去。他說他不喜歡平原，也無意用山換錢。他說：「我沒有變成一個貪圖錢和舒適的和尚。我有別的目標。自我還是個孩子的時候起，苦難就不曾困擾過我。我生來就是受苦的。現在的和尚跟以前不同了。搬到嘉五臺後坡的那兩個和尚不會待過一個冬天。你是和尚，不意味著你就是佛。要開悟，很多和尚還得排在好多普通人的後面。當然了，我不應該說這個。」

他說話的時候，玉米粥溢出來了，於是看門狗被請進來，將之舔乾淨。志誠繼續道：「只要你不受欲望的困擾，只要你的心不受妄想左右，那麼你是出家人還是在家人，根本沒有什麼區別。一旦你的心很清淨，你就能理解業。你知道這是什麼意思嗎？如果你種下佛種，你就會得到佛果。重要的是要誠實。如果你不誠實，你永遠也不會成就。你知道，我只是一個山人。我只是把話串在一起。它們並不一定有什麼意義。給你的馬鈴薯來點熱辣椒怎麼樣？」

第　八　章

朱雀山

在中國古代，每個方向都有自己的神：東方青龍，北方玄武，西方白虎，南方朱雀。

我能夠找到的最早使用這些字眼的書是《山海經》。在《山海經》裡，「朱雀」這兩個字被拼在一起，組成一個字，這個字的意思是指一種巨大的紅翅人面的貓頭鷹。儘管這些名字的來源我們不得而知，但是早在兩千年前的漢朝，它們就已經得到廣泛的應用，後來又擴展到那些與它們各自的方向有關的事物身上。

在六百年後的唐朝，朝南的窗戶被稱作「朱雀窗」，朝南的門被稱作「朱雀門」。在長安，皇宮的朱雀門，面對著一座二百萬人的城市，朝向二十五公里外的蒼藍的終南山嶺。嚮往林泉的雲遊者們從朱雀門出發，沿著朱雀街向前行進。朱雀街是長安城最主要的南北大街，街兩邊住著很多長安最富有、最有權勢的家族。它也是長安城一些最著名的風景名勝的所在地，其中第一個就是小雁塔。這座塔在朱雀門南面的一千五百米處，它是長安第二位最著名的旅行家義淨的遺惠。

在玄奘去印度五十年之後，義淨也去了印度。西元六七一年，義淨三十六歲的時候，離開了長安。但是與玄奘不一樣，玄奘走的是絲綢之路，義淨則取海道。還有一點不同之處在於，玄奘去印度是為了更好地理解佛教哲學，而義淨則對戒律和修行更感興趣。二十四年後，即西元六九五年。他回到新都洛陽，受到太后武則天的歡迎。西元七〇五年，當宮廷遷回長安的時候，義淨也搬回了長安，住在朱雀街西側的薦福寺。

像玄奘在他之前已經做過的那樣，義淨也修了一座塔，以保護他帶回來的經書。西元七〇六年，他在薦福寺南面的那個區，建了一座四十五米高的塔，從那以後，這座塔就一直屹立在那裡。一九六五年，為了確定這座塔是否有足夠的支撐，工人們掘開了塔基，他們發現了它能夠安然度過地震的奧祕（那些地震將周圍的建築物夷為平地）：它被建得像一個圓底的玩具，地震的時候滾出去，地震過了又滾回來，回歸原位。但是，儘管這座塔倖存下來了，它作為宗教場所的功能卻沒有倖存下來。現在是政府官員在管理，我只待了一會兒，在寺廟裡那棵有一千三百年樹齡的老槐樹下喘了口氣，就回到朱雀街那些地方去了。

從小雁塔向南再走一公里，我把自行車停在大興善寺的大門外。大興善寺建於西元三世紀末，是中國修建的最早的一批佛寺之一。西元七世紀，隋文帝把它擴建成了都城四十多座寺廟中最大的一座——占據了整整一個區。一個世紀後，就是在大興善寺，密宗首次出現在中國。這裡是外國和尚住得最多的地方。西元八世紀，印度和尚善無畏、金剛智和不空都把大興善寺當成了他們自己的家。這三個人都曾經是唐朝歷代皇帝的宗教導師。不空的一位學生還教授了日本僧人空海，後來空海在日本創建了密宗。

密宗對於中國人來說，可能曾經是新的：但是就個體的修行而言，它與當時很多已經在流行的修行方法相比，並沒有太大的差別，諸如重複神祕的儀軌、傳送超自然的力量、觀想法界的圖像、普通的氣功方法之外的男女雙修，以及神通的修煉，等等。很顯然，密宗的成功在很大程度上取決於早期密宗大師的神通力，而不是取決於它的技巧和教義。因此，當這些早期的大師們入滅以後，宮廷的興趣又重新回到了道教和佛教的其他宗派身上。

今天，大興善寺的密宗歷史幾乎被遺忘了，而它作為修行場所的功能也被其他功能所掩蔽——它被當作雲遊僧的旅店，以及陝西省佛教協會的駐地。有一次參觀大興善寺的時候，我與陝西省佛教協會的會長許力工居士做了交談。許力工曾經出家幾十年，但是「文革」期間被迫還俗。儘管政府的新政策保障宗教信仰自由，但是許力工仍然保持著居士身分。

透過一位中間人，我們約好在寺廟會面。但是在最後一分鐘，我改變了主意。後來他的助手告訴我，在原來的約定時間，三個安全局的工作人員到了許力工的門口，在外面站了好幾個小時，直到確定我不會來了才走。幾天後，我透過更迂迴的方式，又安排了一次約會，我們在他的房間裡見面了，沒有任何外來干擾。我問他陝西省住著多少出家人。

許：我不知道。出家人可以隨意來去，哪兒有地方就在哪兒待著。我們沒有統計。如果我們統計，每一個和尚大概會被統計四、五次。還有，現在的年輕和尚可能會在寺廟裡住一段時間，然後又回家住一段時間，然後又回到寺廟。有時候很難說他們到底是不是真的和尚。現在進寺廟的人，沒有多少人抱定終身住寺廟的主意。

問：隱士怎麼樣？據我所知，終南山裡有好多出家人，把他們一生中的一部分時光用來自己修行。

許：我也不知道有多少隱士。終南山裡有隱士，至少已經三千年了。但是隱士有幾種：道教隱士、佛教隱士和知識分子隱士。當然，我對佛教隱士更熟悉一些。但是即使在佛教裡，也有不同類型的隱士。比方說淨土宗隱士，通常終身隱居在山裡。而禪宗隱士，可能會只隱居幾年或幾個月。禪宗隱士只在山裡待到見道為止，然後他們就下山了。

但是，在出家人成為隱士之前，他們通常要在寺廟裡待上幾年。比方說，很多和尚去揚州的高旻寺，在那裡修行三、四年。當他們終於在修行中找到入手處的時候，他們就去山裡住茅篷。再住上三、四年，遲早會開悟的。有些人花的時間要比別人長些。但是剛開始的時候，一定要住在寺廟裡學習。你必須學習，然後才能知道怎樣修行。

在佛教寺廟裡，我們還有一個風俗，叫做「閉關」。比如說印光，他就在普陀島上的一個關房裡住了幾十年。（印光大師在二十世紀復興了淨土法門。）有幾十年他沒有見任何人。每天寺廟裡的和尚把飯和水從他門上的窄縫裡塞進去，然後倒掉他的便盆。他所做的一切就是坐禪和閱讀經典。想修行，你不一定要去山裡。

還有知識分子隱士。為了學習或寫作。他們喜歡安靜和孤獨。已經有很多人隱居在終南山裡，有些是出於社會原因，有些是宗教原因，有些則是出於做學問的原因。

問：如果一個出家人想在本省隱居，他們要向協會登記或者徵得其同意嗎？

許：不，任何想當隱士的人都可以自由地這樣做。他們不必告訴我們或者政府。他們想住哪兒就住哪兒。

問：協會起什麼作用？

許：在處理與政府的關係的時候，我們代表本省的寺廟。我們也給出家人提建議，諸如怎樣組織宗教活動，哪些活動是允許的，以及在什麼地方可以舉辦這樣的活動，等等。中國自古就有佛教協會，還有道教協會。每一個縣和每一個省都有一座特殊的寺廟或道觀，負責管理宗教事務，全國也有一座這樣的寺廟或道觀。只不過現在我們使用「協會」這個詞罷了，但是它的功能沒有變化。我們料理由單獨一座寺廟無法獨力完成的宗教事務，或者幫助解決發生的其他問題。

問：這些寺廟屬於誰？

許：它們屬於管理它們的委員會。一個寺廟委員會可能包括二、三人或二、三百人不等。委員會決定怎樣籌集資金和分配資金，是否維修寺廟或者買新毯子等諸如此類的事情。任何住在寺廟裡的人，都是委員會的一員。每一座寺廟管理自己的事務。協會不介入，除非我們受邀幫助解決某個問題。

問：學校裡上佛教課嗎？

許：小學和中學裡沒有，但是有幾所大學有佛教課程。過去我們也上課，但是被迫中止了，最近很多人要求我重新開課。我們一籌集夠買書本材料的資金，就準備開課。幾乎每個省都有某種形式的佛學院。我想現在有二十多所了。我們陝西省還一所也沒有，但是我們希望將來能有。

我與許力工的會面是在一九八九年的秋天。第二年三月下旬，我又一次拜訪了大興善寺。我走過幾樹遲開的杏花、一大片連翹和一棵已經準備好迎接夏天的古老的葡萄樹，來到後面的大殿。在大殿裡面，我遇見了寺廟的方丈慧玉（音譯）。他七十八歲，自從四十年前從河南省過來以後，就一直住在這座寺廟裡，已經出家五十年了。儘管他對自己的壞膝蓋做了讓步，拄了一根枴杖，但是他仍然精力充沛，幾乎用不著陪護左右的那幾位弟子。他說，寺廟裡的常住和尚有二十位，不過加上雲遊僧，常常達到一百人。

慧玉的眼睛總是半閉著，這說明他花大量的時間打坐。而且他特別愛笑。我想他可能是一個禪宗和尚，可是他卻談起了淨土宗的修行。他說，中國仍然有開悟的大師，只不過不像以前那麼多了。很不巧，他要出席一個會議，因此我們的談話很簡短。但是在弟子們催他離開以前，他建議我去拜訪南五臺的隱士。在古代，南五臺通常是朱雀街上那些嚮往林泉的雲遊者們落腳的地方。我謝過了他，向大門口走去。

去年九月，在出門的路上，我曾經駐足觀看一場由陝西省氣功協會舉辦的氣功治療表演。氣功協會從大興善寺租了一棟樓做醫院，同時作為全省氣功協會的所在地。在裡面，一位穿著白大褂的年輕人正繞著一個婦人轉圈。她閉著眼睛，在瘋狂地旋轉，時而呻吟，時而大喊大叫。年輕人用手引導著，彷彿在控制她的運動。我看了大約二十分鐘，但是這個場面看起來似乎永遠不會結束似的，於是我走了。

距離那次的表演已過了六個月，這一次，我決定停下來進去治治病。自從回到中國以後，我的手臂上長了一種疹子，它頑固地抵抗著兩位普通醫生所開的各種藥片和軟膏。我登了記，付了那相當「昂貴」的醫藥費——三十元人民幣，也就是六美元。

醫生的名字是何建新（音譯）。除了治病，他還是中國國家氣功團的團長。這個氣功團在各國巡遊，用練氣功練出來的特異功能，使各國觀眾目瞪口呆。「氣」是一種能量，它是空的，既存在於體內，也存在於宇宙中。何建新給我兩隻手都切了脈，然後說，這疹子沒什麼，只是受了風而已。他讓我站著，兩腿分開，閉上眼睛。然後開始圍著我轉圈，哼哼著，用他體內氣的運動，做出攪動聲和嘶嘶聲。這樣做了幾分鐘之後，他讓我坐下來，然後開始往我體內扎針灸用的針：在我的拇指和食指之間、脖子後面、手臂上、膝蓋上，以及腳踝上。然後，他讓我閉上眼睛呼氣，我彷彿是一只被針扎了的輪胎。當我坐在那裡「漏氣」的時候，他給其他病人治療，偶爾回來捻弄一下那些針，並喊叫著把他的氣潑灑在四周。最後，他給我開了一種草藥。兩天後，疹子消失了。

在此期間，我決定採納慧玉的建議。我把自行車換成了一輛小汽車和一位司機，然後沿著朱雀街的現代化身長安路，向南五臺進發。長安路在它的古代副本東面的一百米處。

從大興善寺向南走兩公里，我們在楊虎城將軍墓前停下來。他的墓保存得很好。二十世紀二〇年代，楊虎城曾經從地方軍閥手中解放了西安，並保護了西安不受地方軍閥的侵害。後來他協助張學良拘禁了自己的總司令蔣介石。在古代，旅行者們在這裡逗留，是為了參觀牛頭寺。但是，現在它已經不在了。此外，他們在這裡逗留，還為了參觀中國最偉大的詩人杜甫的祠堂。

西元七一二年，杜甫出生在鄰近的河南省。但是，他的祖輩卻住在長安南面的少陵原，後來他的創作高峰期大部分是在這裡度過的。實際上，他把自己稱為「少陵野老」，並把他的詩集用少陵來命名。西元七七〇年，當杜甫在長江南岸上漂泊的時候，他去世了，被埋葬在湖南省的長沙附近。他死後大約一百年，為了紀念他，有人在這裡建了一座祠堂。從那時候起，這座祠堂已經被重修過幾次了。

我爬上楊將軍墓後的山坡，去參觀杜甫祠堂的現代版本。它建於一九六〇年，但是已然被委棄給了荒草和小雞。在旁邊的一棟建築物裡面，我找到了正在切菜的管理人員。他出來了，給祠堂開了鎖。在一座空蕩蕩的大殿中間，有一尊落滿塵土的杜甫石膏像，手裡握著一片他生前從來沒有拿過的玉笏。還有一尊刻在石頭上的肖像，它甚至更髒，而且到處是蜘蛛網。

在外面，沿著一條油漆剝落的走廊，我瀏覽了幾塊明清兩代紀念重修這座祠堂的石碑。很顯然，大約每兩百年左右，就有人想復興這座祠堂。但是同樣很顯然，這樣的意圖是短命的。將軍的生活過得比這個國家最偉大的詩人好。

我們繼續向南又走了一公里，再次停下來。在一所學校的後面，就在少陵原西邊的下面有兩座塔，它們是華嚴寺最後的遺跡。華嚴寺始建於西元十至十二世紀，是中國佛教華嚴宗歷代祖師的駐錫地：杜順、智儼、法藏、清涼以及宗密。宗密是華嚴宗的第五代祖師，也是最後一位祖師。

華嚴寺遺塔

華嚴宗的教義是以《華嚴經》為基礎的。根據佛教傳說，《華嚴經》是佛陀覺悟之後第一次講的法。當他的聽眾無法理解其涵義時，佛陀就把它擱置到一邊，開始傾向於比較簡單的教法。這部經的中心意思是，宇宙中的每一件事物，不管是本體還是現象，都是互相聯繫的，因此是空無自性的。因為空無自性，所以每一件事物都與法是一體的，每個人都與佛是一體的。

為了說明這一點，有一次三祖把一尊佛像放在中間，在它周圍四面八方都擺滿了鏡子，每一面鏡子不僅映現出了佛像，而且還映現出了其他鏡子的影像，如此重重無盡。想像一下，不管你朝哪兒看，都能看到一尊佛。

這是一個一流的哲學問題。但是在宗密圓寂之後三年，也即西元八四四年，「武宗滅佛」使華嚴宗走到了盡頭。一千年後，在少陵原的邊緣地帶，除了安放著初祖和四祖舍利的兩座磚塔以外，其他一切殘存的建築物都被砸爛和掃蕩光了。有人告訴我，重修寺廟的計畫正在進行中，可是我沒有看到一點跡象。除了農夫和渡鴉，沒有任何人光顧這個地方。

我向下滑回到少陵原上，回到車裡，繼續向南開。七公里後，路分岔了。左邊的路通向興教寺，右邊的通向南五臺。我們沿著西邊的那條路，向著南五臺蒼藍的山嶺開去。

過分岔口後六公里，左邊出現了另一條路。這條路通向太乙宮村，這個村子是因漢武帝在村中所建的一座道觀而得名的。漢武帝經常到這裡來禮拜太乙真人，當時太乙真人是道教萬神殿裡最高的神。現在這座道觀早已不在了。這條路向南延伸到太乙谷中，並分出一條岔路上了翠華山。現在路兩邊都是軍事設施，於是我們待在主路上。

行駛了三公里後，在南五臺村，我們調頭向南。繼續又開了一公里，來到山腳下的彌陀寺。彌陀寺是一個建築大雜燴，透露出它混亂的歷史。我們進去的時候，我情不自禁地注意到了前面大殿附近的一棵巨大的、古老的木蘭樹，另外還有一棵長在後面的院子裡。它們一起給大殿蒙上了一層潔白的花瓣，散發出一股微妙的芳香。大殿本身完全被一尊花花綠綠的彌勒佛的石膏像所占據了。它是那樣的鮮豔刺激，似乎在乞求紅衛兵回來。

後面的大殿是一個受人歡迎的反襯。裡面沒有常見的供桌或佛像，一座塔占據了大殿的中心。塔周圍及沿著四牆排列著五百羅漢的石雕。它們的工藝是一流的。後來我了解到，是香港的佛教徒從南方的沿海城市汕頭雇了八名石匠，來做這個工程的。這個工程花了他們兩年的時間。塔旁邊的塑像裡面，有我的老朋友寒山和拾得。

我被這些石雕深深地打動了，幾乎沒有注意到地上鋪著成千上萬的木蘭花萼片，或者說花殼。後來，方丈告訴我，木蘭花萼片可以做治療鼻竇炎的藥。和尚們準備一等天氣好轉，就把它們放在外面晾乾，然後賣掉。

出去來到院子裡，我探頭往一間側室裡望去，看見了我六個月前見過的方丈。他一見我，就哈哈大笑起來。我從來沒有遇見過比他更愛笑的和尚。我覺得，他說話從來沒有超過兩三句，就會停下來咯咯地笑。他的名字叫德成，六十九歲，是在長安縣長大的，原來是個農民，三十歲的時候出家了。在一座寺廟裡學習了幾年之後，他成為灃河河谷上面觀音山頂的一個隱士。六年後，他搬到谷口附近的淨業寺，最後成為淨業寺和附近的豐德寺兩個寺廟的方丈。他說，「文革」前，淨業寺有四十位和尚，豐德寺有六十位尼師，而東溝的四十八座茅篷裡，很多都住著隱士。

一九八五年，省佛教協會請德成接管彌陀寺。他說，他剛來的時候，這裡什麼都沒有——沒有和尚，沒有大殿，什麼都沒有。大殿在「文革」期間被砸爛了，剩下的建築物被政府官員和士兵占用了。他想方設法使他們都搬了出去。從他幾乎不斷的笑聲來判斷，我敢肯定，這一點，他不是透過對抗的方式辦到的。我問他，人們到他這兒請求開示的時候，他教人們什麼。他的回答不時地被頻繁的笑聲所打斷。

德成：我教各種各樣零星的東西。你提吧。任何看起來合適的東西。一點這個，一點那個。這差不多是修行的全部。你不能只修一種法。那是一個錯誤。法不是片面的。你必須修禪。如果你不修，你永遠也不能突破妄想。你還要持戒。如果你不持，你的生活就會一團糟。你還要修淨土。如果你不信，你永遠也不可能從佛那裡得到任何加持。你必須修所有的法。

這就像生火。你不但需要火種，還需要木柴和空氣。少了一樣，你就沒辦法生火。開悟也是一樣。它是一個體系。所有的法門都是互相聯繫的。你不能省掉哪一個法門。心含萬法。你無法捨掉任何一法。在心外你得不到任何東西。心要專一。只能容納下一個念頭，沒有妄想，沒有任何其他的東西。在禪宗裡，你沒有念頭。在淨土宗裡，你有一個念頭。它們都是一樣的。它們的目的都是要把你的本來面目指給你看。

我們也談到了終南山。像興教寺的方丈和臺灣的杜而未教授一樣，德成也是這個觀點，即終南山一直延伸到印度。他覺得那也很可笑。本來我想跟他多談一會兒，但是我累了，打起了哈欠。他建議我休息，於是我把車和司機打發回西安。然後他把我領到一個房間裡，這個房間住著他的一位弟子。

這位弟子是一位比丘，名叫性空。他二十八歲，行動像一個年輕女孩兒一樣優雅。在他床邊的桌子上，有一尊白瓷的毛澤東半身像。我不禁感到疑惑：它在寺廟裡幹什麼？他看見我盯著它，告訴我說，他的父母曾經是高幹。「文革」中期，他還小的時候，他們都去世了，他由親戚撫養長大。從北大畢業以後，他開始在一家國際貿易單位工作。他曾經去過美國、加拿大和歐洲。他是我所遇見過的第一個能講一點英語的和尚。

他說，兩年前的一天，他與一些朋友一起到彌陀寺來參觀。晚上在這裡過夜。那天晚上，大悲觀世音菩薩出現在他的夢裡，並且給他傳了法。第二天早晨，他讓朋友們回北京去了，自己留了下來。

當他到屋外去幾分鐘的時候，一位女居士給我端來了一碗麵條。她悄聲告訴我，性空可不是個普通和尚。他有神通。他是一個活佛。她說，自從性空到寺院後的兩年裡，他已經透過虔信經典治癒了五千多人的病。性空一回來，她就離開了。幾分鐘內，我就睡著了。那天夜裡，我沒有夢見觀音；我所聽到的唯一的聲音，就是老鼠們在追逐嬉戲。

第二天上午早飯後，性空把一只裝滿了僧衣的箱子給我看。那是他在這兩年裡斷斷續續為這一帶所有的隱士做的。這些僧衣一定有五十多件，各種各樣的顏色——有一件甚至是翠綠色的。他說，他是用治癒的病人留下的錢買的布料。然後他說，幾分鐘後，病人們會在他的門外排起隊來，因此他建議我離開。但是在此之前，他給了我一些選票，讓我帶給去南五臺沿路的幾位出家人。他們都選擇了性空做他們在當地村委會的代理人。

我告辭後，開始沿著臺溝往上走。山路就從寺外開始。夜裡氣溫已經降到了零下，臺溝被霧半掩住了。我所能看到的一切只有石階。大約兩公里後，我來到了臥佛寺。兩棵古老的槐樹守衛在寺前。

在臥佛寺裡，我與兩位七十歲的老和尚傳心和法依攀談。但是，他們的方言我聽不太懂，因此我們只是互相做了介紹，就再也沒有什麼可做的了。我把他們的選票給了他們，他們把寺廟後面的一些臺階指點給我。

這些臺階通到一個山坡上，山坡上長滿了冷杉，那是森林服務隊最近才栽的。大約三百米以後，臺階在半山腰上中斷了。那裡是百塔塔院的遺址。名字是「百塔」，但是只有一座塔仍然矗立在那裡。那是印光的塔。印光，還有虛雲，都被認為是二十世紀最偉大的大師之一。虛雲革新了中國禪宗，與此同時，印光革新了淨土宗。聽過他講法的人都說，那些講法是空前絕後的。他的塔是空的，他的舍利已經被從中取走了。塔門上是他的名字，是于右任題寫的。于右任是二十世紀中國最著名的書法家。他自己的墳墓就在我在臺灣所住的那座小山上面。

塔周圍是一片落葉松林，那是日本田中首相的禮物。在它們被種到這裡的十五年間，已經長到大約八米高了。南面，就在松樹林的上面，有一座巨塔。六世紀末的時候，就是這座塔使這個地方成為一個塔院的。它是長安地區的第一座巨塔，比玄奘的大雁塔要早五十年。塔旁邊是聖壽寺，在那裡，我與兩位常住和尚中的一位進行了簡短的交談。在裡面，曾經用來封過塔門的刻有印光大師像的石雕，斷成了兩半，靠在一面牆上。

印光塔

我回到主路上。接下來的兩個小時裡，我經過一個又一個廢墟。南五臺在長安正南，早在隋唐兩代，就已經成為這個地區主要的佛教中心。一直到明清兩代，它還依然很興旺。十九世紀末，去頂峰的沿途還有七十二座寺廟。現在只剩下五座了，而且都是重修的。二十世紀六〇年代，當「文革」席捲中國的時候，所有站著的東西都被紅衛兵打倒了。

就在臥佛寺上面，山路延伸出了山谷，與一條大路交叉了。紅衛兵開始摧毀寺廟的時候，大約與此同時，森林服務隊開闢了那條路。我第一次到這裡來的時候，是與史蒂芬一起開車上來的。這一次，我留在山路上，幾度橫跨那條大路，最後終於到了停車場，走上了史蒂芬、我，還有我們的司機六個月前爬過的那些石階。

大約五十米後，我路過火龍洞。火龍洞裡曾經住過一條龍，牠常常出來騷擾長安居民，後來觀世音菩薩把牠抓住了，拴在山上遠處的龍樁上，把牠碾成了粉末，並且把粉末撒到了渭河裡。

除了一間小小的大殿以外，這個洞空空如也，於是我繼續向前走。幾分鐘後，一個東西一聲長吼，我僵住了。我突然想起我在火龍洞沒有上香。之後，我又聽到了一聲吼叫。那不是龍。但是，我的呼吸並不能因此而變得輕鬆一點——那是一頭熊。

我從上一次參觀中得知，沿著這條山路往上走大約十分鐘，有一座旅館，於是我加快了腳步。我又聽見幾次吼聲，但是它聽起來似乎變得愈來愈微弱了。當我終於到達旅館的時候，管理人員說，那頭熊剛剛走。也許牠剛才一直在抱怨這座旅館的垃圾品質吧。到處都是荒草。而且，除了那個管理人員之外，這個地方一片荒涼。它是最近在劉瀾濤避暑別墅的遺址上建起來的。「文革」前，劉瀾濤是中國西北五省的中共書記，也是中國最有權力的人物之一。「文革」時，他被打成走資派。我對劉瀾濤選擇風景的眼光表示欣賞。

我給了那頭熊足夠的時間讓牠離開，然後繼續沿著山路往上爬。大約一公里以後，我在紫竹林寺停下來。去年秋天，當史蒂芬和我爬上來的時候，一些年輕和尚正在重修前門外的那段山路。方丈給了我們兩塊西瓜，抱怨說，來爬這座山的遊客太多。

這一次，山上還有殘雪，而我是唯一的遊客。方丈歡迎我回來。他的名字叫演成。他六十六歲，與另外三位和尚和幾個居士一起住在這座寺廟裡。來南五臺以前，他曾經住在西面六公里處崆河（音譯）河谷上的一座茅篷裡。我和史蒂芬第一次爬上南五臺的時候，我們的司機曾經落在後面，聽演成講他和其他的和尚在山上幹什麼。我問演成他跟司機說什麼了。

演成說道：「我在談坐禪。我解釋我們怎樣首先念佛來安心。心只有安了才能靜。然後我講解我們怎樣透過問『念佛是誰』來靜心。心只有靜了才能止。然後我解釋我們怎樣透過捨掉佛號來止心。心只有止了才能觀。心只有能觀，才能達到玄之又玄的境界，我告訴他，這是任何一位修行人都不得不經過的歷程。要花多長時間，取決於修行者本人。它就像沿著一條路往前走。這條路不停地變化著。有時候好走，有時候不好走。但是對於修行人來說，住在山裡要比住在城市裡容易得多。在局外人看來，我們的生活很艱苦，但是我們本來就不在意舒不舒服。我們到這兒是來修行的。而修行是不拘形式的。大多數遊客認為我們只不過是窮和尚而已。」

大霧使得時間顯得比實際時間要晚，因此我只待了一會兒，喝了一杯茶，吃了一碟油炸麻花，給演成拍了一張他師父的塔的照片——那是這座寺廟塔院裡僅存的三座塔中的一座，然後就走了。

我繼續走了半小時。左邊分出三條岔路，通向附近的組成南五臺頂峰的五座山峰——南五臺就是因為它們而得名的。

五臺中最高的一臺海拔將近兩千四百米，被稱作大頂或觀音臺。隋朝的時候，人們在大頂上建了一座寺廟，它是終南山這一帶所建的第一批寺廟之一，被稱作圓光寺。高鶴年最後一次去南五臺的時候，是在一九一四－一九一五年冬春之間。他從龍椿那兒往下看，恰巧看到圓光寺著火了，那是香火太盛的結果。這個情景使高鶴年聯想到生命的短暫，和我們試圖建立起某種永恆的東西的努力。最好是建立起一顆空的心。

霧太大了，幾米以外就看不見東西了，我決定不去那些山上了，於是繼續向前走，翻過山嶺，從另一面下去。十分鐘後，我到了大茅篷的大門口。像這座山上所有其他的寺廟一樣，大茅篷也是最近才重修起來的——它終於等到了好日子。它始建於六世紀，當時被稱作西林寺。後來，它成了這座山上所有隱士聚會的地方，於是人們開始叫它「大茅篷」。

我第一次來的時候，曾經見過這座寺廟的住持德三。他七十四歲，北京人。當他還是個孩子的時候，他的父親失業了，於是請求北京廣濟寺的和尚照看他

南五臺沿途風光

的兒子。德三出家的時候，才十歲。長大以後，他受了具足戒，成為一位比丘。後來，他行腳到了南方，在寧波和廣東的佛學院裡學習。之後，他遊遍了全中國，跟各地的大師學習，自己也創建了幾座佛學院。晚年的時候，也就是一九八五年，他來到終南山。他說他不準備再動了。我問他為什麼選擇了這一帶。

德三：對於一個出家人來說，最重要的事情是精神上的修煉，為此他需要一個安靜的地方。這座山很安靜。在中國，我們有幾座山，大多數和尚都是為了修行去那裡的。這兒就是其中的一座。在這裡，出家人修行要靠自己。自唐朝以來，這一帶就已經成為那些想致力於宗教修行的人匯集的中心。

問：現在怎麼樣？

德三：自從十年前政府宣布了新的宗教政策之後，幾乎到處都恢復了宗教活動。雖然出家人不像以前那麼多，但是情況正在慢慢好轉。

問：這裡怎麼樣？

德三：很多出家人來這裡是為了看看，真正待下來的沒有幾個人。我們這裡只有四個人。除了在大殿裡上早晚課以外，我們都各修各的。

問：你們怎麼養活自己？

德三：西安和上海的居士一直在幫助我們。在這方面我們沒有任何問題。

問：南五臺上隱士多嗎？

德三：不像過去那麼多了。二十世紀五〇年代，我去南五臺的時候，有七十多位出家人住在山這面（山南坡）的茅篷裡。現在只有十幾個了吧。

問：政府介意嗎？

德三：不介意。只要他們跟西安的佛教協會登記，他們想住哪兒就可以住哪兒。

問：他們怎麼養活自己？

德三：他們自己種菜、拾柴。其他的生活必需品，他們大多數人都靠在家人或親戚。

問：你們在這裡受遊客干擾嗎？

德三：不，來這座山的人不多。從西安到這兒花的時間太長了。等到了這兒，他們就該回去了。另外，我們也不像有些寺院那樣賣門票。人們可以來這兒拜佛，但是作為遊客不行。

問：你修什麼法門？

德三：禪宗。我們遵循禪宗的教義。大部分來這裡的和尚都曾經在大寺廟裡住過，曾經練習過集體坐禪。在這裡我們都自己坐禪。如果哪個和尚有什麼問題，他就來問我，我就會盡量幫助他。就這些。

問：任何人都可以待在這裡嗎？

德三：一般來說，他們必須有我們認識的人介紹。之後，他們還要忍受一段訓練期，以便看看出家生活是否真正適合他們，然後我們才能接受他們作為弟子。

問：新弟子的悟性比過去是不是淺多了？

德三：是的，但是人可以學啊。真正的問題是沒有多少像我這把年紀的和尚來教他們。要契入最深妙的佛法，弟子們需要一位經驗豐富、學識淵博的老師。對禪宗來說，這一點尤其重要。

這一次我來大茅篷的時候，德三已經不在了。他在西安的一家醫院裡，估計回不來了。他的一位弟子已經接管了寺廟。他的名字叫寶勝。他四十四歲，與另外兩位和尚一起住在大茅篷。那兩位和尚去西安看德三，要待幾天。還有一位從浙江來的雲遊僧。「文革」前，大茅篷裡住著五十多位和尚。

互相介紹之後，喝了一杯茶，寶勝邀我在這裡過夜。我高興地接受了，但告訴他，我會在幾個小時後回來。我想去看看慧圓。慧圓是我六個月以前遇見過的一位比丘尼。

高鶴年遊覽南五臺的時候，也曾經在大茅篷逗留過，白天去那些山峰和附近的茅篷參訪。在一次旅途中，他走了我現在正在走的這條路，並且拜訪了湘子洞、老虎窩和龍椿的隱士。

過大茅篷幾百米後，我也在湘子洞停下來。唐朝的時候，道教仙人韓湘子曾經住在這裡。現在裡面住著一位佛教居士，但是除了佛號，他對一切都不感興趣，於是我沿著山路繼續往下走。不久，我經過龍椿的遺址，然後這條路分岔了。主路通向太乙谷和翠華山。據說有六位和尚住在翠華山上的天池寺。右邊這條路通向慧圓的茅篷。

當我穿過濃霧往山下走的時候，一隻鳥兒從旁飛過——牠的身體像一道藍白色的閃電，牠的尾巴完全是黑色的。周圍到處都是旋轉著的霧氣，我所能看見的只有腳下的那條路。八月分的時候，草木是如此地青翠繁茂，使得這裡幾乎呈現出一派熱帶風光。現在卻到處是枯枝敗葉。大約三十分鐘後，我終於到了慧圓的茅篷。為了把它與大茅篷區別開來，它被稱作小茅篷，也叫淨土茅篷，以顯示出它是一個淨土道場。

史蒂芬和我第一次來的時候，大門是鎖著的，我們不得不等了五分鐘，直到慧圓的弟子下來把門打開。這一次，門是大敞著的，我很驚訝。六個月前，我曾經從慧圓的菜園和花園中穿過——那是我在山裡所見到過的最漂亮的菜園和花園了。現在是三月下旬，濃霧瀰漫，氣溫在零度以下。唯一的生命跡象就是蘋果樹上的芽苞。

當我走近茅篷的時候，我喊了一聲「阿彌陀佛」。慧圓的弟子出現在門口。她叫乘波，三十五歲。十年前的一天，她與幾個朋友來看慧圓，之後就決定出家了。幾個月後，她真的出家了，慧圓同意接受她作為弟子。她微笑著，掀起掛在門口的白門簾，領我進去。我大吃一驚。六個政府官員正靠在粉刷過的大殿牆上。我進去的時候，他們差點把香菸扔了。還沒等我們雙方反應過來，乘波迅速地帶著我穿過另一道門簾，來到慧圓的臥室裡。

慧圓正盤腿坐在炕上，蓋著一條毯子。光線透過兩扇玻璃窗照進來，粉刷過的土牆上貼著掛曆風景畫和幾張老照片。慧圓是中國東北的哈爾濱人。她七十一歲，十六歲的時候就出家了。一九五五年，她與另外一位尼師慧英一起來到南五臺。到了之後不久，她們就搬進了這座茅篷，這是搬到嘉五臺去的一位隱士空出來的。她們一直住在這裡，直到紅衛兵來了，強迫她們離開。她們在山下彌陀寺的佛教勞改小組做了沒多久，就回來了，在自己的菜園裡幹活、念佛。一九八一年，慧英圓寂了。

慧圓邀我到炕上坐。我告訴她所有關於嘉五臺和灃河河谷隱士的消息。最後，我問她，那些官員來她的茅篷做什麼。

慧圓：他們只是想來看看我，想知道我是不是需要什麼東西。這種事還是頭一次發生。我不知道這是什麼意思。

問：上一次我來的時候，您告訴我您十多年沒有下山了。您最近下山了嗎？

慧圓：沒有。我不想再下山了。首先，我太懶了。其次，我病得太重了。我走不了那麼遠嘍。我哪兒也不想去。我整天就是吃飯和睡覺、然後就坐在這兒。

問：您需要買東西的時候怎麼辦？

慧圓：我有一個妹妹在廣東工作。她來過這裡一次。時不時地給我寄點錢。我不需要多少錢。我自己種菜，用她給我寄的錢買麵粉呀、食用油呀這樣的東西。我的弟子下山把東西背上來。我們吃得不多，只吃早飯和午飯，不吃晚飯。

問：您這兒通郵嗎？

慧圓：通，有一個郵遞員，大約每星期來這座山一趟。

問：那麼您有地址啦？

慧圓：是的，長安縣、石砭峪鎮、淨土茅篷。

問：您修哪種法門？

慧圓：努力活著就夠我忙活的了。但是我每天天亮前起床，誦《法華經》和《地藏經》。晚上我打坐念佛。修行要靠個人。這是我的修行。

問：您為什麼住在這些山裡？

慧圓：我喜歡安靜。哪一個出家人都喜歡安靜。能夠弘法的出家人住在城市裡。我不能弘法，所以我就住在山裡，自己修行。

問：您的健康狀況怎麼樣？

慧圓：不太好。背東西上山，開地種菜，把我累壞了。去年我開始吐血。一個女居士帶著一位醫生來看我，他給了我一些藥。現在我好些了。但是從三十歲起，我就得了一種慢性病。現在我只是在變老。

問：您怎麼過冬？

慧圓：我不在乎冬天。外面雖然冷，但是我們有足夠的木柴。風不會透過門窗進來，而且我的床是炕（一種土坯床，裡面建有爐子）。我喜歡冬天。它正是坐禪的好時節。

我們一起喝了一壺茶，我給了她一張照片。那是六個月前，在她的一棵蘋果樹旁，史蒂芬給她照的。出去的路上，我把她們的選票也給了乘波，還有她媽媽讓我帶下來給她的一些吃的。她媽媽正在大茅篷的齋堂裡幫忙，要待幾個星期。我告辭後，開始往回走。天氣是那樣的寒冷，我甚至沒有出汗。

回到大茅篷，寶勝已經把他旁邊的床收拾好了；然後乘波的媽媽給我們端來了大碗的麵條當晚餐。後來，我蜷縮在半打棉毯下面睡著了。夜裡有幾次，我翻身的

慧圓和她的弟子在她的蘋果樹旁

時候，發現寶勝坐著。他整夜都在打坐。第二天上午，我向他請教修行的事情。

寶勝：有些和尚誦經，有些坐禪。但是要坐禪你不一定得坐著。當我師父太老、不能再坐了的時候，他就躺著修禪。但是不能僅僅因為某些人在坐禪，就認為他們在修行。這句話你可以告訴那些修行人。修行人所做的一切、所說的一切都應該指向同一個目標。他們不參與閒談或無聊的活動。這不僅僅是我的觀點，也是禪宗師父們在禪堂裡所開示的內容。我可以坦率地告訴你，真修行的人太少了。至於我自己，我不怎麼修行。我晚上打坐，白天幹雜活兒。我只是在照管這座廟。

問：你有沒有聽說過，這座山裡的出家人，有哪一位修得比較深入？

寶勝：我聽說有幾位和尚住在一個叫天池的地方（不是附近翠華山上的那座重名的寺廟）。我從來沒去過那兒，它的位置我也不太確定。但是我聽說過它在這裡西南大約十五公里的石砭谷上面。我聽說住在那裡的幾位和尚完全與世隔絕，他們正在閉關。我不知道誰在護關，也許是其他的和尚或居士吧。

問：你種的菜夠養活自己嗎？

寶勝：不一定。即使天氣好的時候，也有那麼多松鼠、老鼠和其他的野生動物，很難種夠自己吃的。很多出家人都來這些山裡看過，但是沒有多少人能待下來。這不容易。只有真修行的人才能住下來。

問：你出家多長時間了？

寶勝：我出家才三年，但是我修行很長時間了。很多年前，我賣掉了在西安的房子，搬到了一座寺廟裡。但是那個方丈對我很差。不管什麼時候有人批評我，我都不在乎它是否公正。我現在還是這樣。我總是反省自己。但是，我跟那個方丈之間矛盾重重，最後我就走了，搬到了清涼茅篷。清涼茅篷離慧圓茅篷有一個小時左右的路程。但是，我住在那裡的期間，病得很厲害。我一定是吃了什麼有毒的東西。我太虛弱了，都動不了了，整個身體腫得像個氣球。本來我可能會死的，但是不知道從哪裡冒出兩個居士，他們照顧我，直到我恢復健康。他們一定是菩薩。此前我從沒有見過他們，此後也再沒有見過他們。後來，等我能走的時候，我就回了西安的家，去恢復身體。有三個月，我不能吃普通的食物。我母親去世後，我又一次離開家，回到山裡。這一次我找到了一位好師父，跟他學了幾年，直到他圓寂。

我被寶勝的真誠和純樸所打動，希望有更多的人對他們自己和別人像寶勝一樣誠實。我們在寺廟門口道別。幾秒鐘後，他成

山岩下的茅篷

了一個黑色的人影，漸漸消失不見了。

我翻過山嶺，從北坡下山，走過那三條岔路——它們通向那些雲霧繚繞的山峰。我走過紫竹林寺，走過那座空的旅館，走過火龍洞。路很好走，但是濃霧和刺骨的寒冷使山路變得又濕又滑。當我到達停車場的時候，我決定，剩下的路程從那條大路往下走。

六個月前，太陽落山後，當史蒂芬和我沿著這同一條路驅車下山的時候，我們看見了一隻巨鳥，正屹立在路邊的一塊岩石上。牠被我們的車頭燈晃得看不見東西了。我們停下車。當我打開車門的時候，牠突然展開了翅膀。這對翅膀足有六英尺長，而且是紅色的。我們還沒來得及看清牠的臉，牠就消失在黑暗中。這一次，我所看見的，只有山。

第 九 章

走過銷魂橋

在中國古代，人們走得最多的路，是那條連接著西都豐、鎬、咸陽、長安和東都洛陽及中原之間的路。這條路當時被稱作洛陽路。它從終南山腳下繞過，也是很多想當隱士的人決定永遠離開長安時所走的路。

我租了一輛車，從西安東門出發，沿著這條路向東開了十公里，來到灞河。在古代，灞河是旅行者所遇到的第一個主要障礙。春天的時候，灞河變得有一里地寬。儘管據說早在西元前七世紀時期，就已經有軍隊渡過了灞河，可是直到西元前三世紀，當秦始皇來這兒為他的一位將軍送行的時候，歷史記載中才第一次提到了一座橋。

在古代，任何有時間的人，都可以來灞橋為他們東行的朋友或同僚送行。很多個世紀以來，它也以「銷魂橋」而聞名——它是中國古代最著名的送別地點，也是一百萬首涉及柳樹的詩的背景地。

直到當代，在灞河兩岸，向南北各延伸出幾公里，還一直種著垂柳。晚春時節，柳絮像雪一樣在空中飛舞，成為長安八景中的又一景。在漢語裡，「柳」這個字與「留」字同音，因此那些留下來的人就折一枝柳條送給那些離開的人。它是最有意義的臨別贈物了，也是每個人都出得起的禮物。現在那些柳樹都不見了。幾十年前，在一項治洪工程中，它們被砍掉了。
那座橋，或者至少是它的一個近代版本，卻倖存了下來。它建於一八三四年，就建在自西元六世紀末以來人們一直使用的同一地點。今天，它是交通車輛進西安的通道。至於東行出西安的小汽車、公共汽車、卡車和驢車，則走南面兩公里處的一座新橋。
在古代，很多尋求幽居的人就在這裡停下來。他們不過灞橋，而是在灞橋和南面的白鹿原之間的灞陵安頓下來。
這些小山最初是因為漢文帝而出名的——漢文帝選擇了它們作為墓地。漢文帝是一位很罕見的國君，他只想過得像隱士一樣快活。他對於儉樸的熱愛幾乎是傳奇性的。他在宮廷裡穿草鞋。他在遺囑中提到，與他同時代的人花巨款修建精緻的墳墓，因此他要求自己下葬的時候，只帶最少量的陪葬品，而且墳墓中不能有任何比陶器更貴重的東西。按照他的願望，西元前一五七年，他被葬於灞陵。
就在灞橋前，我們掉轉車頭，向文帝陵開去。行駛六公里後，我們停下來。從路上望過去，白鹿原像兩隻展開的翅膀，延伸到一個鳥嘴形的小山處，那座小山正指向天空。文帝陵就在那鳥嘴形的小山下面。一位農夫給我帶路。

山下是過去的祠堂所在地。九塊最近出土的明清兩代的石碑標明了地點。農夫說，紅衛兵來這兒之前，這兒有四十多塊石碑。他們還砍倒了一棵柏樹，那是漢文帝下葬的時候人們種的。農夫回憶起小時候爬這棵柏樹的情景。陵墓本身在石碑上方的一座小山上，距灞河大約有五百米。我來的時候正是三月中旬，山坡上種了幾百棵杏樹——杏樹象徵著長壽——潔白的落英在地面上鋪了一層。

回到路上後，我們驅車往回向灞橋開去。路上經過一支隊伍：幾十位村民排成一列走著。白布孝帶纏在頭上，從後背拖下來。這是一支送葬隊伍。這正是漢文帝所欣賞的那種葬禮。

回灞橋的半路上，在毛窑院村附近，我注意到，在離路不到一公里的地方，有一列鑿在黃土高原裡的六個窑洞。其中的兩個已經安了門。西安地區的農舍門通常是黑色的，鑲著細紅木邊兒。這些門整個是紅色的。我們停下來，我用望遠鏡觀察那六個窑洞。我看到每一扇門上都貼著「南無阿彌陀佛」和佛教吉祥標誌的橫幅。在附近的一塊農田裡，我問一位農夫那裡是不是有人住。他說，幾年前，有兩位比丘尼和十幾位女居士搬進了那些窑洞裡。她們把她們的住地叫做老洞廟。

兩千年來，灞陵地區一直吸引著渴望隱居的人。梁鴻就是這樣一個人。西元一世紀，他曾經住在這裡。他過去一直在終南山麓放豬，有一天，他的篝火失去了控制，燒掉了另一個人的財產。為了賠償損失，梁鴻把他的豬給了那個人。

關於梁鴻誠實的故事傳遍了這一帶，於是有幾個富裕家庭表示願意把自己的女兒嫁給他。梁鴻婉拒了，說他更願意一個人生活。不過，當地有一家人，他們的女兒長得異乎尋常的難看：又胖、又醜、又黑。她也很強壯，強壯得能舉起一盤石磨。這最後一項美德吸引了幾位求婚者，可是她都拒絕了。她說，她只願意嫁給像梁鴻一樣的賢者。梁鴻聽說這件事之後，馬上娶了她，帶著她一起住進灞陵的山裡。在那裡，他們靠耕織為生。閒暇時間，梁鴻以彈琴作詩自娛。他曾經寫過一系列二十四首的組詩，詠歷史上的隱士（已佚）。

幾年後，梁鴻和他的妻子迫切地想搬家。他們過了銷魂橋，向中原走去。當他們經過北邙的時候——北邙是洛陽著名的北山墓地——梁鴻作了下面這支歌：

陟彼北芒兮噫，顧覽帝京兮噫，宮室崔嵬兮噫，人之劬勞兮噫，遼遼未央兮噫。

另外一位曾經住在灞陵的隱士是韓康。西元二世紀，韓康住在這裡，靠採草藥為生。他在長安賣草藥，言不二價。他這樣做了三十多年，直到有一天，一位年輕姑娘來向他買草藥，韓康拒絕討價還價，姑娘火了。她說：「言不二價，你以為你是誰，韓康?!」韓康嘆息道：「我一直想保持默默無聞，但是現在連年輕姑娘都知道我的名字。賣草藥還有什麼用呢？」他回到灞陵，再也不去長安了。但是人們卻沒有忘記他。桓帝聽說了他的誠實，派了一位特使，帶了一輛安車[1]，來請他去都城洛陽。皇室的宣召是很難拒絕的，於是韓康就同意去了。但是第二天一大早，當特使還在睡覺的時候，韓康就駕著他的牛車離開了，消失在終南山中。在那裡，他隱姓埋名，度過了餘生。

我們追隨著韓康和另外一千位隱士的足跡，渡過了灞橋。三公里後、我們經過邵平店村。邵平店是一個公共汽車站，是以東陵侯邵平的名字命名的。東陵

1———古代高官告老或徵召有重望的人時所乘的車子，多用一馬，禮尊者則用四馬。

是秦國對灞河以東那些小山的稱呼。西元前三五〇年，當秦國國君遷都咸陽的時候，他們選擇了東陵這一帶作為王室墓地。這樣一來，它就成為比較重要的封地之一，因此東陵侯也是精心挑選出來的。一百二十九年後，秦國統一了全中國，創建了秦朝，咸陽成為帝國的都城，而邵平則當了東陵侯。不到二十年，秦朝結束了，咸陽淪為廢墟。邵平也成了平民。面對命運的變化，邵平泰然處之，他開始種瓜，並因此而變得更有名了——從那以後，瓜就成為這一地區的一種特產。但是現在是三月上旬，於是我們繼續向前走。

經過邵平昔日的瓜田四公里，就在斜口村前，我們離開主路，掉頭向南。又行進了四公里，就在韓峪村前，我們走上另一條通向西南的岔路。這條路幾乎就只是兩條車轍，那是驢車從附近的一座磚窑裡拉磚軋出來的。大約兩公里後，它在洪慶堡村終止了。在村子的南面，我找到了我一直在尋找的地方：坑儒谷。當地人叫它「鬼溝」。

秦朝的時候，基於對歷史的不同詮釋，在國家政策方面，學者們各執己見，為此秦始皇很惱火。他的解決辦法是，西元前二一三年，幾乎燒掉了帝國所有的書，並把四百六十餘名學者一起活埋了。一些當代學者懷疑這次集體活埋事件是否真的發生過，但是它在接下來的朝代歷史裡有記載，而且至少早在唐宋兩朝，人們就已經在坑儒谷裡建了祠堂，以紀念這一事件。

這裡沒有什麼可看的。在村子昔日的西門附近，有兩棵巨大的槐樹，標誌著那座祠堂的位置——可是就連村子裡的老年人，對那座祠堂也都沒有印象了。他們所能記得的只是一些年前，有一隊歷史學家來了，發掘出了一尊學者像。那尊學者像後來被他們搬到臨潼縣博物館去了。

村子南面有一個長五百米、寬一百米的盆地，上面長滿了麥苗。村民們說，這個盆地過去是一個溝，後來被填滿了。儘管了解當代學者的觀點，我還是上了一些香。回主路的路上，司機告訴我說，「文革」期間，紅衛兵們很喜歡提示知識分子坑儒谷的存在。

回到高速公路上，我們繼續向東開去。又行了六公里，來到驪山腳下的臨潼縣城。驪山是終南山的一條孤脈，從西向東延伸大約有十公里。這座山不大，包括兩座山嶺，最高處僅達一千三百米。但是它恰好坐落在一條路附近，而這條路聯繫著渭河平原和黃河平原上的都城，因此它也是中國最早的風景名勝地之一。

我在山腳下訂了一個房間。因為太陽還很高，所以我繼續進行考察活動。從臨潼向東走五公里，我下了車，爬到秦始皇陵的頂上。陵墓上長滿了柿子樹，它們還在等待著春天的到來。下面的一個地方就是那有史以來最豪華的墳墓。據說修建這座墳墓花了七十萬民夫三十八年的時間才竣工。它的圍牆周長有六公里多。它的各種建築中現存的東西包括一支地下軍隊，士兵是用黏土做的，分布面積達五十多平方公甲。儘管已經挖了幾個考察用的大坑，但是秦始皇陵（西元前二一〇年，秦始皇被安葬於其中）仍然完好無損——對於盜墓者來說，它太深了。

這座陵墓除了是銅鑄的以外，它完全是一座宮殿的複製品。它的天花板上鑲滿了珍珠，象徵著星空。河流湖海是水銀做的、不停地流動著。這種構思代表著道教仙境，它是秦始皇一直在苦苦尋求卻從來也沒有找到過的。

這樣浩大的建築工程是不可能受到人們的歡迎的，人民為它們付出了血汗。秦始皇駕崩之後幾年，爆發了起義。不久，有兩支起義軍打敗了朝廷的軍隊。西元前二〇六年，這兩支起義軍的領袖項羽和劉邦達成協議，要分割秦帝國。他們在秦始皇地宮北面三公里處一個叫鴻門的地方會面了。鴻門是一條峽谷的名字，它深深地嵌在黃土高原裡。項羽在能夠俯瞰這條峽谷的黃土高原邊緣駐紮好了軍隊，然後邀請他的對手赴宴，他計畫在這次宴會上透過舞劍幹掉他。劉邦的一位謀士——我們的老朋友張良——得知了這個陰謀，說服了他的主人，讓他裝傻。當項羽看到劉邦如此軟弱的時候，他拒絕發出信號讓人幹掉他。後來，劉邦藉口上廁所，逃回了他在銷魂橋的軍營。他從終南山撤了出去，但是最終又回來了，打敗了項羽，創建了漢朝。

這次宴會的地點因此變得很著名，雖然幾乎沒有人來參觀。那裡有一個展廳，裡面有一個出色的當地地志展覽，但是再也沒有其他東西了。我是三月分來的，當年劉邦逃跑的山坡上，如今長滿了茵陳的幼苗。茵陳是一種苦艾，春天裡，人們吃它以減少體內冬天儲積的熱量。我的司機採了一些茵陳，足夠做一盤菜的。回到驪山以後，我們把它作為自己的宴會上的一道菜，分享了它。

第二天上午，我開始考察驪山。作為終南山的一條餘脈，自從有歷史記載以來，驪山就一直是隱士的家。但是，它鄰近那條連接著中國古代兩大政治中心的路，因此使得它很早就被上流社會發現了：早在西元前八世紀，山上就已經有別墅了。

驪山地理位置適中。風景優美，除此以外，它的溫泉也吸引著上流社會的成員。中國北方的冬天不但寒冷，而且很長。氣象學家們說，西安地區的冬天要持續一百四十天，從十月下旬直到三月下旬。在這段時間內，日平均氣溫在攝氏零下十度（華氏五十度）以下。為了躲避冬天這段最糟糕的日子，那些有錢人就在驪山的露天溫泉裡浸泡著，度過春節前的幾個月。那些溫泉像翡翠一樣星羅棋布；三千年前，當人們最初開掘這些溫泉的時候，它們被稱作「星泉」。

驪山最主要的也是最著名的溫泉，就坐落在我所住的溫泉旅館東面不到一百米處。這個溫泉叫華清池，是楊貴妃經常光臨的地方。楊貴妃是唐玄宗的寵妃，也是驪山最著名的浴者。她在溫泉裡浸泡很長時間以後，不得不讓人扶出來。等她恢復過來以後，她會讓人進上從附近的一座花園裡採集的花粉，擦在腋下，以使自己聞起來很芬芳。然後她會到亭子裡去休息，吃柿子——直到今天，柿子還是驪山的一種特產；或者新鮮的荔枝——那是由一千個騎士星夜兼程，像跑接力賽一樣，從中國南方傳送過來的。

在華清池蒸汽騰騰的、灰綠色的溫泉和紅柱子的亭子後面，我沿著山路，開始向山頂爬去。大約五百米以後，我在捉蔣亭停下來歇口氣。這裡是一九三六年蔣介石被逮捕的地方。蔣介石來西安是為了讓國軍做好最後一次圍剿紅軍的準備的——當時紅軍剛剛結束長征，到達西安北面二百五十公里處的延安。

蔣介石的將軍們試圖說服他不要再繼續進攻共產黨，他們想建立一條統一戰線，抗擊入侵的日軍，但是沒有成功。十二月十二日，天亮前幾個小時，蔣介石自己的將軍張學良和楊虎城，率領國軍包圍了蔣所住的驪山大院。當他們接近大院的時候，一個士兵的槍不小心走了火，於是他們與蔣介石的衛隊交上了火。

蔣介石被槍聲驚醒，從他房間的後窗跳了出去，然後爬到大院的後牆上，當他往牆外跳的時候，摔傷了後背。他沿著白雪皚皚的山坡，拚命地往上爬，最後藏在一條岩縫裡，這條岩縫就在今日捉蔣亭所在的位置的上方。

在此期間，張學良的士兵突破了蔣介石的保鏢的防線，衝進了總司令的臥室（這個房間現在還在，是五間廳旅館的502房間，就在楊貴妃洗澡的溫泉後面）。士兵們沒有發現蔣介石的蹤跡，但是注意到他的假牙放在床邊的桌子上，他的被子還是溫的。他們猜想蔣介石逃到山上去了，於是他們開始搜山，幾個小時後，發現他藏在那條岩縫裡。蔣介石被逮捕了，押送到西安，被迫同意與共產黨一起抗擊日軍，保衛中國。

想像過了蔣介石被捕時的情景以後，我沿著山路繼續往上爬。又走了一公里，來到老君殿。西元八世紀中期，唐玄宗在這裡修建了一座別墅。一天晚上，當他在這裡過夜的時候，一位老人出現在他的夢裡，告訴他說，太白之精滴到了地上，化成了終南山上的一塊白色的巨石。唐玄宗醒來以後，派官員出去找那塊石頭。他們找到了它，並把它帶了回來。於是玄宗讓人把它雕成了一尊老子像，並把它安放在別墅附近的一座道觀裡。

有一年的七月初七，就是在這座道觀裡，唐玄宗和楊貴妃並肩跪著，祈願要再生為牽牛星和織女星。據說每年的這天晚上，這兩顆星都要透過一座由喜鵲架成的橋，渡過銀河來相會。這天是中國的情人節，有緣人可以一起慶祝。

五年後，發生了安史之亂，唐玄宗和楊貴妃逃出長安。將軍們堅決要求殺死楊貴妃，否則部隊就不再前進。他們認為，他們的困境都是由於唐玄宗不顧一切地寵幸楊貴妃造成的。她被勒死了，埋在西安西面六公里處的路邊。今天她的祠堂和墳墓仍然吸引著旅遊者。

在楊貴妃和唐玄宗跪著許願的地方附近，有一座小道觀。當我正在裡面東張西望的時候，我遇見了蘇道長。他六十七歲，河南人。他說他出家三十年了，最近才從華山搬到了驪山。在華山，他與師父薛泰來一起，在陰陽洞裡住了很多年。當我告訴他，去年我見過薛道長兩次時，我們成了親密的朋友，閒聊了大概有一個小時。我告訴他所有華山的新聞，而他則告訴我驪山的新聞。不幸的是，他的方言幾乎讓人摸不著頭腦，因此我們一起喝了幾杯茶以後，我就起身告辭了。

出大門的路上，他把兩棵皂角樹指給我看。一棵是雄性的，一棵是雌性的。他說，那是當年玄宗所建道觀的唯一倖存物了。幾年前，老子的那尊大理石像被搬到了西安的省博物館。在那裡，它成為省博物館所有藏品中最令人難忘的藏品之一。

從驪山的西嶺再向上爬一公里，我在老母殿又一次停了下來。老母殿是一座道觀，裡而供奉著女媧，或者叫老母——人類之母。女媧是伏羲的妹妹和妻子。據說伏羲發明了八卦，奠定了《易經》的基礎。數千年前，在女媧和伏羲結婚以前，她一個人住在驪山上。為了自娛自樂，她用水和泥，創造了人類。

後來她又挽救了這個世界，使它免於毀滅。在兩位神的戰鬥中，天被撞了一個大洞，她在驪山上建了一座爐子，煉彩石補天。補天剩下來的煉好的石頭，就成為驪山熱能的來源。每年的六月初六，人們仍然來這座道觀禮拜老母。

在女媧殿裡，我遇見了一位年輕的道姑和一位年輕的道士。他們都不太健談，只會尋經摘句。在廚房裡，還有一位道士在劈柴。我做了自我介紹，他告訴我，他叫陳世杰。原來他就是方丈。像他的兩個弟子一樣，開始的時候他也有些懷疑。但是我們交談了一會兒以後，他就把我領進他的房間，並且關上了門。屋裡除了一張吊床、一只衣服箱子、一張桌子和兩把椅子，僅有的其他東西就是一串鑰匙和他掛在牆上的帽子（帽頂中間有個洞，好讓他的髮髻從中穿出來）。帽子半掩著一個漢字，那是「劍」字。我問他老母，或者說女媧，與道教有什麼關係。

陳：她代表著本體的無。我們都是她的孩子，一切事物都是從她的無中孕育出來的。靠她的力量，我們才有了天和地、太陽和月亮、一切事物。這是我的理解。這與其他道士的理解不同。他們的理解是從書本上來的。我告訴你的

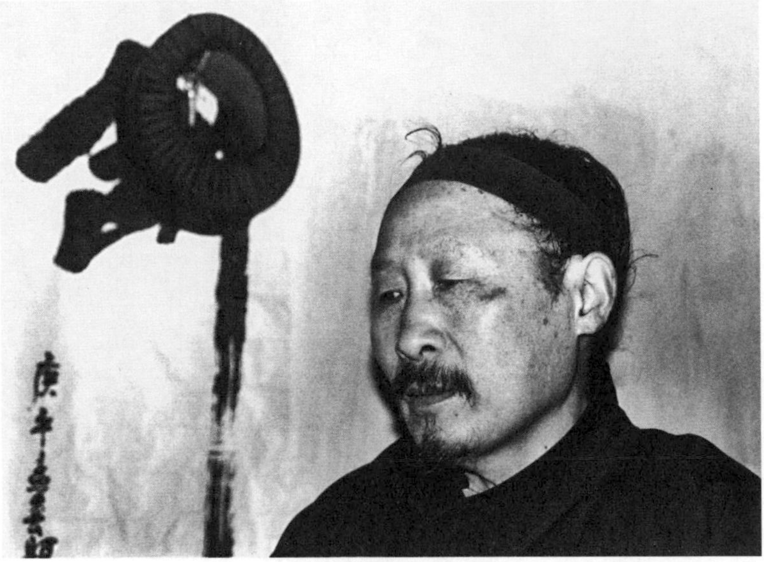

陳道長在他的屋裡，牆上的帽子下面是「劍」字

不一樣。老母和女媧只是「無」的名字而已，時空和萬物都是從這個無中出來的。一切事物都是從無——也就是女媧——中來的；一切事物又都要回歸於無——也就是道。這是我的理解。

這還是我第一次把這一點告訴給人。以前從來沒有人問過我這個問題。除非有事，否則我不喜歡說話。我知道有些道教師父到你們國家傳道去了。但是，他們的理解是建立在書本基礎之上的。他們所教的，書上都有。他們不教來自於精神的東西。我所告訴你的來自於我自己的理解，不是來自於書本。

現在有很多人開始對修習道教禪定和氣功感興趣。有很多書教人們這方面的內容。但是，它們沒有教給人們的是，這不是真正的道。在禪定和氣功中，你要經過一個個層次。但是，道沒有任何層次。很多人被書本、名相和神通誤導了。他們才修了一會兒，就認為自己得道了。但是實際上他們沒有。道沒有名字。修道就意味著回歸於無。

當人們努力去尋找道的時候，他們就失去了道。他們混淆了有和無。我們所能做的一切只是修德（美德，精神力量）。德包括我們的精神、我們的心、我們的想法。真正的德會導致真正的道。但是，大多數人修的不是真正的德。他們修煉的是神通和心念，於是他們以為他們已經得道了。但是他們錯了。修習真正的德就是要去掉所有的神通和念頭，像一個嬰兒一樣，無看而看，無聽而聽，無知而知。首先你要修德，道自然就來了。

但是，道是空的。它不可解說。人們來這裡供奉代表著這個無的女媧。這不是迷信。這是修行的一個內容。當然啦，很多人來這兒是為了求女媧滿什麼願的。這是迷信。但是來這裡供養女媧不是迷信，它是為了提醒我們修德和無之道。

問：您是怎樣開始對道教感興趣的？

陳：我有一個哥哥，他對道教感興趣。他沒有師父，但是道教的書他一讀就通。最後，他看破了紅塵，有一天，他告訴我，他要離開家。他沒有告訴其他任何人。他讓我照顧我們的父母、他的妻子和兩個孩子。他說他第二天要離開，永遠不回來了。

他走了以後，我照顧我們的父母，直到他們雙雙辭世；還有他的孩子，直到他們都長大成人。自從三十多年前他離開家以後，我再也沒有見過他。但是離家以前，他說，如果我想找他，他會在三座山中的一座。我已經去過其中的兩座山找他。來年，我想去第三座。

我哥哥走的時候，把他所有的道教書籍都留下來了。當時我還不認識字。但是我逐漸學會了認字。最後，我也成了道士。那才是七年前的事。但是自從我哥哥離家以後，我就一直在學道、修道。

陳道長是一個很少見的頭腦清晰、心直口快的道士。他說完了想說的話，就要幹雜活兒去了。我們道別，我繼續去爬通往西嶺頂峰的最後一道坡。在頂峰最北的山頭上，有一個烽火臺。古時候，國家有難的時候，國君們就會點燃烽火，召喚臨近的諸侯來援助：夜裡燒稻草，白天燒乾狼糞。在這件事情上，還有一個傳說。

周朝的時候，周幽王懸賞千金，賞給能使他的妻子褒姒王后一笑的人。一位官員建議點燃烽火，把所有的諸侯都騙到驪山來。幽王同意了。不久，諸侯率兵來了，這件事成了幽王和他妻子取樂的笑料。

兩年後，即西元前七七一年，渭河平原受到戎狄的入侵，幽王再次點燃了烽火。這一次，一個人也沒來。他被殺死在驪山別墅裡，褒姒王后也被擄走了。這次事變以後，周朝的都城東遷到洛陽。

烽火臺大約有十米高，我爬到頂上。但是山上嵐氣重重，看不了太遠。我下山往回走。幾分鐘後，我走上一條岔路，它通向一條山谷，這條山谷把驪山的東嶺和西嶺隔開了。在谷底附近，我走過一座小橋，向對面的山坡爬去。山坡上有一棟建築，看起來像一座農舍，結果卻是石甕寺的遺址。石甕寺曾經被認為是驪山上風景最優美的地方，一度以日落時的景色而著名。

在院子裡，我遇到兩位上了年紀的女居士和一位尼師。與她的僧袍相比較，尼師的臉顯得那樣的新鮮稚嫩，她的舉止看起來依然像一個年輕女孩。她們邀我坐一坐，喝杯茶，於是我在院子中間的一只石凳上坐下來。桌子卻是一塊清代石碑的正面，石碑上記錄著石甕寺最後一次重修的過程和布施者的名字。

雖然照管這座寺廟的女居士挺清貧的，但是她們的茶壺卻是宜興大窑裡出的紫砂茶壺，她們的茶也是著名的武夷山茶。它沒有一點好烏龍的清香，卻有一股濃烈的氣味，這股氣味受到一部分人的讚賞——他們為了明目清心，在坐禪前喝這種茶。我說它嘗起來像「菩提達摩的眼皮」，那兩位女居士大笑起來。

我這樣說的典故是，一千五百年前，菩提達摩為了防止坐禪時睡著，把眼皮割掉了。他的眼皮落地的地方，長出了第一批茶樹。

女居士中的年長者告訴我，她曾經是一位比丘尼，但是被紅衛兵逼迫還俗了。她嫁了人，生了一個女兒——就是那位年輕的尼師，此時她正倚在院牆上，在春日的陽光下，為將來的冬天織一頂帽子。二十世紀七〇年代中期，「文革」結束的時候，她回到了石甕寺。最近的十五年，她一直住在這裡。她說她的女兒是幾個星期前，在西安大雁塔的一次集體儀式中落髮的，正在等著找一座合適的寺廟長住。

喝了幾杯茶以後，我們道別。我舉步回到橋上，然後沿著山路往山谷下面走去。三十分鐘後，在縣城東邊臨潼博物館附近，這條路到頭了。我買了門票，走了進去。在中央展廳裡，我突然發現自己站在釋迦牟尼佛的舍利前。

兩千五百年前，釋迦牟尼佛荼毗以後，印度八個王國的國王為了爭奪他的舍利，走到了戰爭的邊緣。為了避免流血衝突，他們最終達成了一致：均分舍利。他們把自己分得的舍利安放在各自國家的舍利塔中。很多個世紀以來，塔中的舍利被進一步地分了又分。西元七世紀，當玄奘大師從印度回長安的時候，在他所帶回的物品中，有五百粒釋迦牟尼佛的舍利。

一九八五年，在鴻門宴東北大約一公里處的一座磚窑附近，工人們掘出了一座石塔，裡面裝著那些舍利。那是西元七世紀末武則天放進去的。幾百年後，當唐朝結束的時候，石塔和環繞著它的那座寺廟都消失在粟地和玉米地下。自從它們被重新發現以後，那些舍利和裝著舍利的那座小石塔，就一直放在臨潼博物館裡展覽。塔的四面分別是佛陀講法、入涅、荼毗和國王們分請他的舍利的場景。

當一具普通的肉體被焚燒以後，剩下來的只有碎骨頭片和灰燼。當一個修行人的遺體被焚燒以後，人們就會找到一些像玻璃或瓷器一樣的小石頭。釋迦牟尼佛的舍利到達中國以後，它們被放進兩只小玻璃瓶中。這兩只小玻璃瓶又被放進一只小金盒裡，然後這只金盒又被放進一只鑲著白銀和母珠的大盒子裡，最後人們才把這只大盒子安放在那座小石塔裡。這些舍利本身看起來就像小小的鑽石。總共有幾百顆。

那座塔、那兩只盒子、兩只小玻璃瓶中的一只，還有瓶中所裝的東西，現在都在展廳中間的一只展箱裡。當我凝視著這一切的時候，門衛一直在不停地告誡人們不要吐痰、不要吸菸。在周圍所有的吐痰、吸菸和吵鬧聲中，我向覺者的金剛不壞之身鞠躬問訊，然後回銷魂橋去了。路上，我想起了《金剛經》的一段經文：

「須菩提，於汝意云何，可以身相見如來否？」

「不也，世尊。不可以身相得見如來。所以者何？如來所說身相，即非身相。」

佛告須菩提：「凡所有相，皆是虛妄。若見諸相非相，則見如來。」

第　十　章

暮星之家

西安西南一百二十公里處，有一片由花崗岩和松樹構成的廣闊區域，面積達五萬四千公頃，這就是太白山。西安官方的人告訴我，對外國人來說，即使帶著嚮導，在太白山四處漫遊也還是太危險了。

那個時候，我並沒有意識到他們所說的危險是指什麼。但是，即使他們讓我去了，爬太白山也不是一件容易的事情。史志上說，太白山上有很多登山者的殘骸；曾經爬上過頂峰的中國人說，太白山比華山危險多了。不過，隱士們在太白山上已經住了幾千年了，時至今日，他們仍然在山上尋找幽居之地。在太白山比較著名的近代隱士中，有虛雲老和尚。他在嘉五臺入定之後，因「厭於酬答」，於一九〇三年春，搬到了太白山。陝西省道教協會的會長告訴我說，他知道有兩位道教隱士住在太白山上，其他的出家人說，他們還知道好幾十位。

太白山海拔三千七百六十七米，是終南山的最高峰。除了臺灣的幾座山峰以外，在太白山以東的中國其他地區，再沒有比它更高的山峰了。它是中國為數不多的仍然生長著大片原始森林的山脈之一，也是世界上擁有最重要、最豐富的植物群和動物群的山脈之一。科學家們把太白山稱為「中國植物園」，並且已經成功地把頂峰和西側的一大片區域宣布為自然保護區。植物學家們說，太白山上沒有草，只有寶。

到目前為止，在太白山上發現的一千七百種植物中，有六百多種具有醫用價值。登山者在太白山的低坡上首先遇到的金鐘柏就是一個很好的例子。柏葉可以做止血藥，種子可以做鎮靜劑。登山者向頂峰攀登的途中，他們會依次穿過華山松、楝樹、白樺和冷杉等林帶，最後，在頂峰附近，是矮小的藍松、枇杷和杜鵑。所有這些植物，都能在採藥人的背包裡找到。

除了植物，太白山還以其動物而聞名。在山上，動物學家們已經發現了兩百三十種鳥類，其中包括一些珍稀品種，諸如不會飛的大鴇。金色的錦雞和紅冠的朱鷺（這種鳥全世界過去只有四隻，都在日本。最近，在太白山麓又發現了幾對）。四十多種哺乳動物也在太白山安了家，其中包括大熊貓、扭角羚（長著螺旋形角的山羊）和金絲猴。

在西安，我與一位動物學家進行了交談。他每年都要深入終南山最偏僻的地方，去採集標本。最近幾年，他去了太白山東南側板房子附近的幾個與世隔絕的山村。他說，直到現在，因為這一地區一直交通閉塞，結果導致村民們患有幾種遺傳性疾病。據他判斷，一半的村民是低能兒，或者是有智力缺陷。

他說，太白山上的生活也是危險的。虎跑谷村有一家，兒子少了半邊臉。那是被一頭熊撕掉的。另外一頭熊則咬掉了男孩父親的半個屁股。在這位動物學家去這一家的前一天晚上，男孩的母親在廁所附近，用帶鐵尖的扁擔，捅死了一頭豹子。不過，主要的危險還不是熊或豹子，而是野豬。野豬常常成群活動，有時多達一百頭。牠們會把任何闖到牠們路上的東西或人踐踏得粉碎。但是，儘管有這些危險，村裡的男人們還是只要有機會，就捕獵野豬。而村裡的女人們仍然用野豬鬃梳頭和裝飾頭髮。

這位動物學家還告訴我，村民們怎樣領著他和一支科學考察隊，爬到太白山上，捕獲了一對金絲猴。為了這對金絲猴，莫斯科給北京提供了兩輛卡車和兩筆獎學金。科學家們給了村民們一百塊錢，大約相當於二十美元，來完成這個任務。在整個秦嶺海拔較高的枇杷林中，還能找到藍臉金毛的金絲猴。這位動物學家描述了村民們怎樣首先確定了金絲猴群在太白山頂峰附近的位置，然後匍匐前進，盡可能地接近金絲猴，之後突然開始猛敲錫製的平底鍋。有幾隻金絲猴出於恐懼，就那麼乖乖地閉上了眼睛，很快就被抓住了。

這位動物學家說，就他所知，進山是不受限制的，但是找一個嚮導是絕對必要的。他建議我要麼加入他未來的某次考察活動，要麼在板房子雇一個嚮導。我婉言謝絕了這兩個建議。

「太白山」的意思是「大白山」，但是它還有其他的名字。在西元前第三個千年，它被稱作「惇物」——大供應者。在西元前第二個千年，它被稱作「大時山」。在西元前第一個千年期間，當早期的中國神話開始演變成哲學的時候，它被稱作「太乙山」——創造萬物的大神之山。在它所創造的萬物當中，有它自己的白色岩峰，因此，在西元前第一個千年末，人們開始叫它「太白山」。

在早期的中國哲學中，白色是西方之色，也是暮星——太白金星之色。兩千多年以前，流傳著這樣一個故事：太白之精滴落到這座山上，變成了一塊白色的岩石，這塊岩石成了太白山的頂峰（很顯然，這個故事就是西元八世紀唐玄宗所做的那個夢的基礎）。偶爾，當太白山沒有被雲霧掩蓋之時，它的魁偉的白色身影，是眉縣[1]以南最突出的風景。

眉縣在頂峰以北四十公里處。儘管它離頂峰很近，可是古代的旅行者們卻常

1——古為「郿縣」。

常假道武功和周至二縣，從東面上山。武功和周至在西安西面七十公里處。傳統的路線是從武功和周至出發，向西南走到清湫村。清湫的遺址就在現在的槐芽鎮南面。

清湫是原來的山神廟所在的地方。清湫南面大約十公里處的三官池，是昔日進山的入口。過去農曆七月，人們常常到這裡來祈雨。農曆七月也是全年中唯一的月分——在這個月分裡，凡夫俗子才敢斗膽去爬太白山麓的小山。在《郿縣志》中，一位爬過這些小山的清朝官員（李栢）留下了這樣的記述：

其登之也，始旁溪以穿林，繼攀蘿於鳥道、枯槎橫續其斷岸，石棧勾折於危島，其險也如此。及登絕頂，萬緣俱空。日瘦月小，星寒雲低。遠眺東南，天山一色。頫瞰北渭，渺然一帶。五將、九峻，俱為培塿，其高也如此。群山環衛，如星拱極，區其形狀，有欹者、側者、僂而探者、褻黛倚者，似龍盤者、虎踞者，似鳳鸞翼者，堆似牛首者，並峙似熊耳者，有鳴聲鏜鞳似石鐘者，有峰岩相等似楚山九嶷、齊山七十二峰者，其山形之異也如此。或阿香轟於澗底，或長虹勒乎山腰，或狂飆乍逝，板屋有秋葉之危；或霧鏁大壑，白晝有下春之冥。兼以晴雨倏忽，揮霍萬狀者，其氣象之變有如此。

《郿縣誌》中還記載了另一位旅行家、十七世紀的官員賈鉝對太白山的印象：

> 余入山，見景之奇者，若宋元圖畫，開闔反側，變態萬狀。見徑之險者，若羊腸、鳥脊，進退一線，極人境之幻矣。
>
> 陳仲醇云：「世之遊山，不過七尺笻與一緉屐。必士大夫有騶從、餱糧之資而後可。」若余之入太白，則既難假於輿儓，亦莫資笻屐。
>
> 遇水不測其深，擲石齒而跳躍之，少錯則墜矣。遇土不計其濘，入足而隨出之，少緩則陷矣。壁立數仞之峰，或蟻緣以上；建瓴千尺之坂，或蛇伏以下，不知其身之捷於猿猱，而勇於賁育者。

賈鉝的介紹之後，還有詳細的描述。它成了爬山的標準記述，甚至被刻進石頭裡，以利益子孫後代。雖然我沒有去靠近太白山的任何地方，但是我從一位在太白山上住了幾十年的道士那裡，了解到了太白山的路徑情況。這位道士熟知通向山頂的每一條路——它們共有四條，兩條在南，兩條在北。

南面的兩條路，一條從西南上來，經過自然保護區附近；另一條從東南上來，從黑河沿岸開頭。北面的兩條路，分別從鷹頭村（音譯）和塘峪村（音譯）開始，然後在太白山北坡的半山腰處會合。在那裡，從黑河上來的那條路，也匯入其中。大部分遊客走北面的兩條路：從眉縣來的人走鷹頭那條路，從周至來的人走塘峪那條路。不管走哪一條路，要到頂峰，人是九十公里，鳥兒是二十五公里。

還有，這些路並不總是開放的。甚至山上的大道觀，一年中的大部分時間，也都是荒涼的。農曆六月分，太白山一帶的所有出家人都在頂峰聚會。會面之後，他們又重新分散到點綴著山路的十一座道觀中——「文革」前有三十七座。

告訴我有關太白山的事情的那位道士說，要到頂峰，得爬四天。除非盛夏，否則幾乎沒有人去爬太白山。盛夏的時候，道觀是開放的，可以提供簡單的食宿。他說，大部分登山者都在七月末和八月中旬之間上來。否則，太白山上太冷。不過，採藥的人和香客意志卻堅定得多。從四月直到十月，在通向頂峰

修行者的住所

的山路上，都能夠發現他們採集草藥和汲取太白山上湖泊裡的神水的身影。在賈鉝的記述中，他解釋說：「……其神異同，而不令人久憩其傍。久則雷電即至，名為行法……諸池皆神所司，土人敬禮。」

這些湖泊除了是神靈和水龍的家之外，它們還蘊藏著其他的祕密。首先，圍繞著頂峰，它們形成了一串由六個圓形山谷組成的項鍊，海拔高達三千五百多米，這使得它們成為中國最高的高山湖泊，離天只有一口氣那麼遠。它們是在一萬二千年前，最後一次（第四紀）冰川時期形成的。其中最大的那個湖泊真是深不可測。那位道士告訴我，一九五六年，兩位蘇聯潛水員攜帶著某種水下呼吸設備，試圖潛到最大的那個湖泊的湖底。幾分鐘後，其中的一個人回到水面上，氣喘吁吁的；另外一個回來得晚多了，死了。那位道士說，他看起來像一根冰棒。

是太白山的水促使賈鉝這樣開始他的記述的：

及山，捨騎而徒，三里，至三官池，池清澈。凡禱雨，必取水設壇中，山高不可到，多汲是池焉。

西元十一世紀，蘇東坡曾經是這一帶的地方官。一場旱災使得他參拜了太白山的山神廟。後來，他寫下了一首五百言的長詩，其中有這樣的四句：

平生聞太白，一見駐行騶。
鼓角誰能試，風雷果致不。

蘇東坡所提到的是太白山更為著名的一個特徵。根據著於西元四世紀的《水經注》的記載：「山下軍行，不得鼓角。鼓角則疾風雨至。」當蘇東坡參拜山神廟的時候，他一定召集了當地的民兵。他說，他的祈禱得到了回應，三天大雨如注。

李白是太白山所偏愛的另一位詩人。李白出生以前，他母親夢見暮星使她受孕了，於是為了紀念李白天上的父親，母親便給兒子取字曰「太白」。因此對李白來說，去探望他的石頭兄弟，只不過是個時間的問題：

西上太白峰，夕陽窮登攀。太白與我語，為我開天關。
願乘泠風去，直出浮雲間。舉手可近月，前行若無山。
一別武功去，何時復更還。

李白是一位道教徒。雖然佛教徒也來這裡隱居，但是太白山始終是一座道教名山。像其他的山一樣，關於第一批選擇太白山作為隱居地的隱士，沒有任何歷史記載。道教徒們說，老子曾經在此逗留過相當長的一段時間，以採集雲母和長生不死藥的其他配料，然後才通過散關便消失了。但是，即使老子確實曾經來過這座山，他也從來沒有被列入過太白山的隱居者的名單。

與太白山有關的第一位隱士是鬼谷。西元前四世紀，他曾經住在這裡。儘管鬼谷喜歡隱姓埋名，但是他的兩位學生蘇秦和張儀，卻因為在戰國時代提出「連橫」、「合縱」的政策而蜚聲一時。結果，鬼谷就被公認為是吸收了當時各家思想的法家的祖師。鬼谷本身是一位道教徒，據說他曾經在這裡生活了幾百年。太白山上有一座懸崖，是以他的名字命名的。唐朝的時候，有人撰寫了一部道教經典，署上了他的名字，這就是《鬼谷子》。

從太白山早期名字的神話基礎來看，幾千年來，它必定一直是宗教儀式和宗教修行的聖地。但是，歷史上最早提及太白山上的廟宇，則在僅僅兩千年前。那時候，有人為了紀念谷春，於西元前一世紀歉收的年分裡，修建了一座山神廟。

谷春是漢成帝宮廷中的一個小官，他也是氣功的修行者。他死的時候，身體還是溫的。因此當他下葬的時候，他的家人拒絕釘上棺材蓋。三年後，他突然出現在他生前所在的村莊的大門頂上，坐在那裡。當他的家人聽說了這個消息以後，他們打開谷春的棺材，結果只看到了他的衣服。在大門頂上過了三夜以後，他拒絕了家人要求他回家的懇求，然後消失了。後來，人們又發現他重新出現在長安城一個主要城門的頂上。但是三天後，他又一次離開了。歷史記載上說，他最後出現在太白山上。因此後來有人為了紀念他，就在頂峰上修建了一座道觀。

不過，太白山最著名的隱士卻是另一位道教徒——孫思邈。西元七世紀上半期，孫思邈第一次來到這裡，把他一生的大部分時間都用於在太白山上採集藥草，完善他的醫學知識，以及修道。儘管有幾位皇帝召請他做宮廷裡的高官，但是他更願意專心致志於道教修行和醫學實踐。他說，不管病人的社會地位或社會關係怎麼樣，醫生應該給所有的人治病。他在老百姓當中贏得了崇高的聲望，被人們尊為「藥王」。直到今天，他仍然是中國最偉大的醫生之一，也是中國第一位營養學家。

孫思邈去世的時候，留下了兩部著作：一部總結了他所在的時代以前的藥方（《千金要方》），另外一部則收集了他自己的傑出貢獻（《千金翼方》）。在《千金翼方》中，他記載了用海藻和鹿茸治療甲狀腺腫大，牛肝和羊肝治療夜盲症，杏仁、穀白皮和蜀椒治腳氣等治療方法。

作為中國一座主要的道教修行中心，太白山的重要性最終在接下來的一個世紀裡得到了承認。那個時候，道教作者司馬承禎補充了十大洞天的遺漏，把太白山列在三十六小洞天的第一座——在這些洞天裡，人們能夠找到或者煉製長生不死藥。大約在太白山被列入道教名山名單的同時，李白在自己的古風系列中，寫下了這首詩：

太白何蒼蒼，星辰上森列。去天三百里，邈爾與世絕。

中有綠髮翁，披雲臥松雪。不笑亦不語，冥棲在岩穴。
我來逢真人，長跪問寶訣。粲然啟玉齒，授以煉藥說。
銘骨傳其語，竦身以電滅。仰望不可及，蒼然五情熱。
吾將營丹砂，永與世人別。

太白山不僅是想成仙的道教徒的家，也是儒家隱士的家。中國隱士傳統的一個循環論題是，與其說隱居意味著放棄社會，還不如說它意味著放棄貪欲。作為一個原則，隱士們首先透過改造自己，進而尋求改造社會，因此他們中的很多人來太白山是為了冷卻自己的熱情。

早在西元一世紀末，儒家隱士就已經出現在太白山麓。這段時期，選擇隱士茅篷而放棄宮廷職位的學者的數目大量增長。這段時期，學者們不再僅限於掌握通常的一兩部儒家典籍，而是對接受更廣泛的教育產生了興趣。

這第一批漢代學者學到了與大部分主要典籍相關的廣博精深的知識，摯恂就是這批學者中的一位。他吸引了十多位弟子，到太白山的隱居地跟他學習。其中一位弟子叫馬融，他的才華使他很快成為摯恂最喜愛的弟子。後來，馬融娶了摯恂的女兒，在太白山上創建了自己的學院。西元一六六年，馬融去世的時候，被公認為是儒、道兩家典籍注釋者的泰斗。有一千多人宣稱馬融是自己的老師。

來太白山跟馬融學習的人中，有一個人叫鄭玄。雖然鄭玄曾經師從當時很多著名的先生，但是他還是沒有馬上被馬融所接受。他被迫在附近搭了一座小茅篷，並透過馬融的其他弟子，間接地接受指導。有一次，馬融在解決一個涉及天體運動的問題時，遇到了麻煩，他的一位弟子說，鄭玄能解決這個問題。鄭玄迅速地解出了答案，最後被接納加入馬融的核心圈子。跟馬融學習了幾年以後，鄭玄離開了太白山，到長安開辦了自己的學院。在那裡，作為經典的注釋者，他的聲望最終超過了自己的老師。當他準備離開太白山的時候，馬融抓著他的手說：「大道隨你東去了。為它而盡你所能吧。」

不管鄭玄做了什麼，都是不夠的。儒家對於世界和人類在其中的位置的解釋，很快就被道教和佛教所淹沒了。但是將近一千年後，儒家最終重新贏得了領先地位，太白山再度成為儒家隱士的一個中心。張載就是這一時期最偉大的哲學家之一。他出生於太白山北面的眉縣，後來又隱居到太白山麓。像漢朝的摯恂、馬融和鄭玄所做的一樣，他創建了宋代最著名的學院之一。在太白山的山影裡，張載發展出了儒家第一套偉大的玄學體系，這個體系是建立在下面這個理論的基礎之上的：我們的物質世界只不過是氣的短暫聚合，氣分散之後，又組合和重新組合，處於不停的變化之中。為了與他的儒家隱士的角色保持一致，他又把這個理論應用到了人際關係上面：我們都是由同樣的氣所構成的，所以應該待人如己。

在太白山上，我們看到了隱士傳統和它的解決方式中所凸現的一個主要矛盾：修道的人無法脫離人群，然而為了找到道，他們又必須遠離社會隱居——至少是暫時的，以進行自我修煉和制心一境。如果對於學者來說，這是正確的，那麼對於出家人來說，就更是如此了。在很多出家人求道的過程中，他們因住在暮星之家——中國最純淨的氣所聚集的地方，而大受激勵和鼓舞。

第 十 一 章

訪王維不遇

在中國古代，選擇隱居生活並不總是意味著艱苦的生活。除了宗教苦行者和正直的窮人之外，還有一些富有的隱士，他們的藝術感受力促使他們走出城市，走進附近的山裡。住在離長安一日行程之內的清貧的終南山隱士們偶爾會發現，他們正在與中國最有教養的人分享自己的茅篷——為了尋求寧靜和安慰，這些人也轉向了終南山。

那些走世間成功道路的人，雖然也能得到快樂和榮譽，但是總有一些人中途轉了方向：厭倦了宮廷生活的貴族，沒能通過考試的未來的官員，不願意放棄自己原則的學者，精疲力竭的官僚，遭到放逐的大臣，比劊子手搶先一步的罪犯，等等。在每一個朝代，那些有教養的隱士的住宅，都散見於鄉村各地。在那裡，它們的主人花費時間去學習遺忘。

有時候，這些有教養的隱士把他們原來在城市所享受的豪華，也帶到鄉村的家裡來了。但是一般情況下，他們更願意（或者被迫）把豪華置之腦後，而去追求儉樸生活的快樂。這樣的人在中國的山裡生活了幾千年了。儘管他們在鄉村所逗留的時間，從短暫的拜訪到終身的居留不等，但是在盛衰之時，他們的存在會變得格外地引人注目。

在《中國詩歌的偉大時代：盛唐》（*The Great Age of Chinese Poetry: the High Tang*）一書中，史蒂芬．歐文解釋說：「西元八世紀，在高官和隱士之間，開始真正出現了一種特殊的親密關係。這種關係，在整個傳統的中華文明的餘下的很多個世紀中，以多種形式得到了延續。」（第二十七頁）實際上那個時候，這種關係已經很古老了。但是八世紀的時候，這種關係確實出現了一個新的變化，那就是有意識地把隱居在鄉村作為在社會上出人頭地的手段。唐朝的時候，這種吸引朝廷注意、從而弄到一個官位的方法變得如此流行，以致人們稱它為「終南捷徑」。八世紀期間，終南山上的茅篷和別墅，大概比此前或此後的任何一個時期都多。看起來似乎每一位重要人物，以及每一位想成為重要人物的人，都有一座終南別墅。

在這些隱居在終南山的有教養的隱士中，有一個人不是在尋求通向都城的捷徑，這個人就是王維。王維選擇了終南山作為出世的捷徑，而不是入世。就是在這裡，在輞川別墅的相對的隱居生活中，他把生活和藝術用這樣一種令人無法抗拒的方式融合到了一起，以至於創造了一種標準，從那以後，受過教育的中國人，都一直受到這個標準的吸引。王維是一位無與倫比的有教養的隱士。

他認真地對待自己的隱居生活，把隱居變成了藝術，又把藝術融入了隱居生活。

西元六九九年，王維出生在太原的南面——太原是今天中國北方省分山西的省城——出生在帝國最有權勢的兩大家族中。他的童年時代都花在為一份與他的家庭背景相適應的職業做準備上面了。唐史說，九歲的時候，他開始寫詩。西元七六一年，王維去世了，時年六十二歲。他被唐代宗譽為當時最偉大的詩人——而當時是中國歷史上詩歌藝術的鼎盛期。隨後第二年，李白也去世了，時年六十一歲。八年後，杜甫也與世長辭，年僅五十八歲。

在王維去世以後的很多個世紀裡，他的詩名並沒有衰減，雖然他不再排在李白和杜甫的前面。這很難說是一種輕視。王維並不認為自己是一位詩人，而認為自己是一位藝術家。而作為一位藝術家，他是無與倫比的。詩歌只是他所擅長的幾項藝術中的一項而已。他也精通音樂。關於他的音樂才能的故事有很多：有一次，一支簫由於無法承受為他的琵琶伴奏的張力而崩裂了；還有一次，人們把一幅壁畫指給他看，上面畫著一隊樂人，他能夠說出壁畫上正在演奏的是哪一首曲子的哪個音符。實際上、王維年僅二十一歲的時候，就已經獲得了大唐帝國的最高學位，他的第一個官職是在朝廷的音樂機構裡做太樂丞。但是他的音樂才能比不上他的詩歌，而他的詩歌又比不上他的繪畫。他告訴我們：

宿世謬詞客，前身應畫師。

十九歲的時候，他恢復了自己前生的愛好。儘管王維的畫作沒有保存下來，但是有幾幅早期的摹本，為他的繪畫才能提供了充足的證據。宋朝詩人蘇東坡稱他為「中國唯一真正偉大的山水畫家」。明代書法家董其昌總結了他的同事們的評價：「右丞以前作者，無所不工，獨山水神情傳寫，猶隔一塵。」

在長安，王維為孟浩然這樣的詩人朋友畫肖像，也畫古代的佛教人物，諸如維摩詰等——維摩詰的名字他取來做了字。但是，他厭倦了朝廷裡的生活，尤其是在經歷了幾段時期的流放之後。因為政治過錯，他先是被流放到山東，後來又被流放到西北邊境。在他四十歲生日以後的某個時間，他買下了初唐詩人宋之問昔日的鄉村別墅，它坐落在長安東南六十公里處的輞川岸邊。接下來的二十多年，他經常回到都城，以維持從政的表象。最後，他做到了副丞相的位置。但是他卻花費愈來愈多的時間，待在鄉間別墅裡，致力於山水畫和詩歌的創作。經常與王維會面的朋友中，有一位叫裴迪。王維為了給他的著名畫作〈輞川圖〉配詩，與裴迪一起創作了一系列詩歌，描寫了他的隱居地附近的風光。

當王維接近老年的時候，他對佛教的興趣愈來愈多地主宰了他的生活。他花很多時間坐禪。同時代的人說，他愈來愈像自己過去所畫的那些瘦骨嶙峋的隱士中的一位了。在他去世以前的很長時間裡，他似乎就已經消失在自己的一幅畫作或詩作中了：

中歲頗好道，晚家南山陲。興來每獨往，勝事空自知。
行到水窮處，坐看雲起時。偶然值林叟，談笑無還期。

我去臺灣之後不久，就開始讀王維的詩。我在一座佛寺裡住了兩年，每天我都要去爬佛寺後面的小山。爬山的時候，我就背王維的詩。我喜歡它們所喚起的心境。每記了一首之後，我就會坐下來，在一座墳墓上打坐。從那裡，從山的邊緣望出去，能夠看到臺北這座飄浮著的城市。有一天，當我正想平放腿腳時，我發現一條有花紋的環蛇正盤在我旁邊——環蛇是世界上最致命的毒蛇的一種。我極其緩慢地站起來——從那以後，在我待在那座佛寺的餘下的時間裡，我再也沒有背過任何王維的詩。不過，我對於這個人的興趣卻一直保持著。十五年後，當史蒂芬和我來中國尋找隱士的時候，我想起了王維。

我在香港買的一本書上說，在王維昔日的隱居地，他手植的一棵銀杏樹仍然活得很好。一個陰雨天，沒有什麼其他事情好做的，我們決定去看看王維的樹。我們雇了一輛車，沿著灞河向東南開去。行駛五十公里後，我們在藍田掉頭向南，然後沿著輞川穿過終南山的一個山口。昔日當王維去輞川別墅的時候，他要在這裡下車，然後剩下的路都坐船。過去這裡沒有山路，更不要說大路了。直到二十世紀五〇年代，政府才在山谷的東部邊緣炸出了一條路。

半路上，一道滑坡擋住了我們的去路。工人們說，他們希望幾天內能把這條路清理出來。我手腳並用，爬上那道滑坡，停下來去看一些藍色的雛菊——原來它們是我的老朋友了。在我在臺灣的家附近的路邊，我的妻子常常摘它們的葉子做晚餐。我很驚訝在這麼遠的北方看到了它們。在滑坡的另一面，史蒂芬和我與六個當地人一起，坐上了一輛三輪摩托車。

當我們把小汽車和滑坡甩在後面的時候，山谷很快變得開闊起來，四周環繞著雲霧繚繞的青翠的山峰。其他的乘客在閻村和官上村下車了。在官上村的東面，我找了找孟城坳，它是宋之問原來的居處，也是王維初次來這兒所住的地方。他的關於輞川的組詩，就是從這裡開始的。但是，這個地方現在是輞川高中的家了。我們繼續向東南行去。

過了白鴉坪村，路分岔了。右邊的那條路通向王維的銀杏樹和他昔日的鹿苑隱居處，距此地大概還有一公里左右。司機卻建議我們往左走，先去看看一個山洞。從那裡，我們可以飽覽這一帶的風光。

我們經過了一個檢查點。但是天正在下雨，負責的人肯定躲在裡面了。幾分鐘後，我注意到一輛警車遠遠地尾隨在後面。我們繼續往前走。大路變成了土路，土路變成了岩石，當岩石變成了鵝卵石的時候，我們下了車，開始爬山。

幾分鐘後，我們爬到了一個平臺上，從那裡可以俯瞰周圍的群山。一位管理人員從一間小房子裡走出來，為我們打開了觀音洞的大門的鎖。觀音洞裡有普通的鐘乳石和石筍，造型像大悲觀世音菩薩。我們更喜歡洞外的風光，於是站在平臺上，看著那些山峰消失，然後又重新出現，就彷彿王維的畫卷被展開在我們面前，一會兒一景……

當毛毛細雨開始變成大雨的時候，我們下山往回走。透過烏雲的縫隙，我注意到幾個警察站在我們的三輪車旁邊。我讓史蒂芬換了膠卷，把曝了光的膠卷塞進他的襪子裡。當我們來到大路上的時候，警察通知我們，我們被捕了。他們一直把我們「護送」到那道滑坡處。在那裡，我們被押上了

昔日王維鄉村別墅風光，前景是現代建築

另外一輛警車。它一路鳴著警笛，拉著我們回到了西安外事局的所在地。在那裡，我們被指控從事間諜活動。儘管我們沒能去到那麼遠，但是王維當年在他的鹿苑隱居地手植的那棵銀杏樹，現在在一家工廠裡。很顯然，杜甫也有過相似的經歷：

何為西莊王給事，柴門空閉鎖松筠？

第十二章

大道入塵

在《楞伽經》中，佛陀說：「悲生於智。」在過去的五千年裡，中國尋求智慧的個體們——不管他們把它稱之為「法」還是「道」——一直在堅持不懈地尋找著它，有時候，他們在山裡發現了它。但是遲早，智慧會生起慈悲。遲早，道會來到世間。

把道帶入世間的佛教徒被稱作菩薩，道教徒被稱作神仙。他們自己也承認，很少有道教徒能修煉到那一步。但是有些人確實成仙了，儘管他們總是很難找到——只有那些確實不與其他人住在一起的人，才能成仙。如果他們不是一起離開這個世界而飛到仙島上去，那麼他們通常都住在大山裡、沙漠裡和沼澤間。但是，他們也喜歡去有人煙的地方的佛寺、市場和酒店：他們來人世間尋找可以授之以道的人。

在長安，或者說西安，在過去的一千年裡，神仙們的聚會地點一直是八仙宮。它建於西元十一世紀，是在一座早期的道觀的舊址上建的。八世紀的時候，在一家酒店裡，呂洞賓遇見了神仙漢鍾離。八仙宮就在這座酒店附近。

呂洞賓和漢鍾離是一個隱士群體的創始成員。十三世紀的時候，這個群體以「八仙」而聞名。幾百年前，詩人李白和杜甫在「飲中八仙」之列。提到這種八位聖人的組合，要追溯到很早以前。但是這些早期的群體，沒有一個能像呂洞賓和漢鍾離所在的八仙群體這樣，激起人們的熱情，更不要說尊敬了。當然，道教所承認的神仙有成百上千位，正像佛教所承認的菩薩有成百上千位一樣。為什麼這八個人得到特殊的青睞，原因不得而知。當初是誰選擇了他們，也不知道。除了修道以外，他們唯一的共同點是，他們中的大部分人在終南山修道。

儘管這個群體的成員不時地有所變化，但是「八」的選擇卻不會變。很顯然，這是要給《易經》中的八卦賦予人的形式。據說這樣一來，八仙就代表著不同的陰陽關係的組合，諸如第一和最後、年老和年輕、男性和女性、美麗和醜陋等。

八仙中的第一位是漢鍾離。他常常被畫成手持一把扇子，坦腹迎風。顧名思義，他出生於西元一世紀的漢朝。他是一位將軍，被派去跟羌人打仗——其時羌人已經入侵到都城西面的渭河平原上。他被打敗了，恥辱地逃進了附近的終南山裡。在那裡，他遇見了幾位道長，他們把長生不死的祕訣傳授給他。八百年後，他又把這些祕訣傳授給呂洞賓，其中包括八段錦——為了促進氣的循環，直到今天，人們還在練習它。

八仙中的最後一位是曹國舅。他常常手持一對陰陽板，上有皇家標誌。他是宋代曹太后的弟弟，據說宋仁宗給了曹國舅這對陰陽板，以確保他得到廣泛的布施和尊敬。有一天，漢鍾離和呂洞賓發現曹國舅在終南山裡坐禪。他們問他在修什麼，曹國舅說他在修道。他們問他道在哪裡，曹國舅指指天。他們問他天在哪裡，曹國舅指指心。兩位神仙大笑起來，恭喜曹國舅對道的理解，並邀請他加入到他們當中。

八仙中最老的成員是張果老，他手持一只叫「魚鼓」的竹筒，常常倒騎一頭白驢，這頭驢能夠日行千里，牠也能夠被像一張紙一樣地捲起來，以後往牠身上噴水，牠就能活過來。儘管兩部唐史中關於張果老的傳記，都說他出生於八世紀，但是也有人說，張果老曾是混沌初開時的一隻白蝙蝠，這樣一來，他就成為八仙中資格最老的成員。

八仙中最年輕的成員是韓湘子。他是九世紀時的學者兼詩人韓愈的侄子。一般情況下，他總是以手執一管簫的形象出現在畫中。他因為無心從政而遭到叔叔的批評。韓湘子寫了一首詩作為答覆，描述了他在終南山隱居生活的快

呂洞賓與漢鍾離，拓自樓觀臺一石碑

樂——他靠露珠、彩雲和研碎的珍珠粉過活。但是，直到後來他顯示神通，使牡丹在冬季裡開花，才最終使他叔叔確信，他決意要修道，而不是當官。

呂洞賓是八仙裡最受人歡迎的一位，已經成為幾門藝術和手工藝行業的祖師爺——其中包括文學。為了顯示陽剛之氣，他常常背懸一口寶劍，手執一把拂塵。這把寶劍能使他隱身，幫助他斬斷煩惱。拂塵代表權威和師父的身分。

八世紀的時候，在長安的一家酒店裡，呂洞賓遇見了漢鍾離。他睡著了，目睹自己過完了世間的一生，經歷了成功和失敗、歡樂和悲傷。（十三世紀的時候，他的夢被寫成了不朽的戲劇，劇名為《黃粱夢》。）當他醒過來的時候，他向漢鍾離請教怎樣才能超越生命的短暫。漢鍾離教他修道，於是呂洞賓就去隱居了。先是在終南山裡，後來在中條山，最後他也成仙了。除了向這個傑出的團體的其他成員傳道以外，呂洞賓還留下了幾部專著，其中一部已經被譯成英文，英文譯名為《金花之謎》（*Secret of the Golden Flower*）。為了覺悟世人，他還寫了一些簡單的詩，其中的幾十首[1]被收在《全唐詩》裡：

我有松風賣，世人買得無？

1———應為幾百首，但是下面的這首詩並非出自《全唐詩》。

三萬兩黃金，與爾一葫蘆。

八仙中唯一的女性成員是何仙姑。她手持一莖荷葉，有時候是一朵靈芝。她是廣東人，也是八仙中唯一的一位南方人。她拒絕嫁人，孤身一人在大山裡漫遊，靠採集野果和野菜來贍養她的母親。最後，她不再去任何靠近人煙的地方，學會了以服食雲母為生。這使得她身輕如燕，能夠像鳥兒一樣飛過山脊。有一天，她遇見了呂洞賓，從他那裡得到了仙桃。

藍采和是八仙中最俊秀的成員，有時候被畫成一個女孩。他的最早的傳記出現在宋朝。傳記中說，他出生於此前早些時候，大概是在九世紀或十世紀。他走街串巷，四處賣花。敲打著兩只大拍板、唱著關於神仙的歌兒。他只穿一只鞋子，穿的衣服永遠不合季節。

最後，八仙中最醜的成員是鐵拐李。鐵拐李住在終南山的時候，學會了連續數日離開身體。一次他漫遊回來的時候，發現自己的身體已經被弟子燒掉了——弟子以為他死了。幸運的是，他找到了一具剛死的跛腳乞丐的屍體，並用它做自己的身體。從那以後，他就拄著鐵拐，蹣跚而行。

我們被警察拘留的前一天，史蒂芬和我去了昔日八仙會面的那座道觀——也許現在還在會面。它還在原來的位置上，在西安東門東北大約五百米處。不過，這座道觀已經等到了好日子。占據了整個主院的一個工廠最近才被拆除了。很顯然，政府認為這座道觀有旅遊潛力，於是撥了一部分資金，做了一些修葺工作。在院基的後面，我們參觀了最近才修復的兩座大殿，一座供奉著八仙，一座供奉著斗姥。

在一座修復了的大殿裡，史蒂芬和我加入到其他遊客的隊伍當中：上香，許願，抽籤。籤是竹子做的，上面寫著數字。我抽到了「2」，於是走向附近的一個窗口。在那裡，我為我的命運付了五分錢。籤文是這樣的：「那些隱藏著的人，終有一天會大放異彩。」

我向一群道士走去。其中的一個人原來是方丈。我告訴他我正在尋找隱士，他說我的命運決定了我注定會成功。幾個月前，史蒂芬和我參訪了湖北武當山上的道觀。在那裡，我們聽說了有關六百歲的老道長住在神農架的深山裡的事。我問這位方丈，終南山裡有沒有這麼老的師父。他說，他從採草藥的人那裡，聽說過類似的傳聞。但是他自己所遇到過的人，從來沒有超過一百五十歲的。他問我史蒂芬多大了。

我們在中國所遇到的每一個人都想知道史蒂芬多大了。他們一瞥見他的鬍子，就確信他一定很老了。我笑了，說史蒂芬五百歲了，他來中國就是為了找比他更老的人的。這句話在道觀裡掀起了一個衝擊波，眨眼之間，這裡所有的道士都聚攏過來了。我試圖挽回損失，告訴他們，我只是在開玩笑，史蒂芬是一個不到五十歲的大鬍子。這句話使得眾人像洩了氣的皮球。所以，你們可不要跟道士開關於年齡的玩笑。

一個星期後，我們又回到八仙宮。西安外事局讓我們在風裡轉了三天之後，終於認為，我們太蠢了，當不了間諜，並把護照還給我們。但警告我們說，從事未經允許的採訪可以是驅逐出境的理由。他們對此很關心，即我們旅行的目的是在跟他們控制不到的人交談，儘管這些人只是一些無害的隱士。

當我們重新踏進八仙宮的時候，我垂頭看著自己的肩膀。看起來似乎沒有一個人對我們獲准回來有足夠的戒心。一般情況下，不管史蒂芬和我走到哪裡，我們都會吸引一大群人；可是這一次、當我們從院子中間穿過去的時候，就好像我們已經變成了隱形人。一位中間人已經為我安排好一次採訪，採訪這座道觀裡的一位常住道士。我們到了東廂楊道長的房間，根本沒有人注意我們。我敲敲門，一個聲音說「進來」。我們進去了，我關上門，以確保我們不會受到干擾。

本來楊道長一直在坐禪，可是放下腿他也並不覺得煩惱。在他所坐的床的那一頭，有一頂蚊帳。靠近另一頭是他弟子的床——他那一天不在。僅有的家當是兩只裝衣服和雜物的大木箱，兩張木桌，還有兩把折疊椅。我在其中的一把椅子上坐下來，問楊道長他多大了。他說他才七十二歲，還一點都不老。他說他出家將近五十年了。我向他請教關於修道的事情。

楊：修道就像當胎兒。當我們在母親體內的時候，我們看不見任何東西，也聽不見任何聲音。我們所知道的一切，只是我們自己的感覺，我們不知道自己在母親的體內，也不知道她是誰。當我們能夠看和聽的時候，我們就已經出生了。修道也是如此。當我們最終明白道的時候，我們的修行已經結束了。但是，首先我們必須花很長時間修行。不過，我們所修的並不是這個肉體。老子所談的不是這個身體。我們的肉體不是我們的真身。我們的真身在假身裡面，就像胎兒在母親體內一樣。我們的母親就是我們的假身。除非我們把假身棄置一旁，否則真身就不會出來。

問：修道的人看起來與眾不同嗎？

楊：也是也不是。幾年前，我在樓觀臺遇見一位老道長。他也姓楊，每天只吃一頓飯，這一點與眾不同。那時候，樓觀臺住著一百多位道士，他是唯一一位每天只吃一頓飯的。除了早餐固定以外，他沒有時間表。什麼時候想睡覺就睡覺。不睡覺的時候，他就勞動。他比其他的人精力更旺盛，但是除此以外，他看起來也沒有什麼特殊的。幾年後，樓觀臺發生了一些變化，人們在爭奪領導權，他被大眾推舉接任了方丈。大約一年以後，我又見到了他，當時他是來八仙宮開會的。他完全變了。他的眼睛看起來不一樣了，他的聲音聽起來不一樣了。突然之間，他的舉止就像一個已經得了道的人。但是，以前他從來沒有顯示過自己的這一面，因為那時候他的責任不一樣。

問：您為什麼決定致力於修道？

楊：我出家的原因是想學習。當我長大的時候，我沒有機會上學。我家太窮了。可是農活兒不忙的時候，我的堂兄們就可以去上學。但是，我父親說上學對他們沒有任何好處。不過，我還是想學點什麼。當我快二十歲的時候，我哥哥答應讓我上學。我學了三、四年，但是沒學到多少東西，只夠看故事的。直到我出家當了道士，我才真正學會閱讀。從那時起，學習給我帶來了很多麻煩。它並不像我想像得那麼容易。它就像風過耳。於是我決定最好把精力集中在修行上，而不是學習上。不過這麼多年來，只要有時間，我就讀書。

新中國成立後，不准我們再讀老書了。但是，我還是想辦法弄到了不少道教的書，我把重要的都藏起來了。然後「文革」來了，他們開始燒書抓人。那個時候，我很清楚書裡寫的是什麼。所以當紅衛兵來了的時候，要求我們把自己的書都上交，我就拿出了一整箱子書，包括我自己寫的東西。我讓他們把他們想要的書拿走，把剩下的給我留下來。他們把所有的書都搬進廚房，燒掉了。

問：多可惜啊。當時您難過嗎？

楊：不怎麼難過。這只不過是一種變化而已。此外，「文革」後，我又收集到了一大箱子書，幾乎每天都可以閱讀一會兒。之後大約七年前，我失明了，跟我所有的書再見了。

問：您的眼睛怎麼啦？

楊：道教修行有時候挺危險的。我做錯了一件事，它們就像蠟燭一樣，熄滅了。

問：您最喜歡哪些道教經典？

楊：當然是《道德經》。解放後，人們對《道德經》批判得不少。但是，現在不一樣了。現在他們也同意，《道德經》是道藏中最深奧的書。大部分道教書籍，你一看就能分辨出它們是深還是淺。但是，《道德經》不行。《道德經》是只給有大智慧的人看的。它不是給普通人看的。它是第一部道教經典。

雙目失明的楊道長

之後出現了《黃帝陰符經》。在解釋道教哲學和修行的本質方面，《黃帝陰符經》甚至比《道德經》還簡明扼要。

但是，所有道教經典中最重要、最珍貴的則是玉皇大帝的《心印經》，它也是《皇經》最核心的部分。我們上早晚課的時候都用它。它是玉皇大帝傳出來的教義。它講的不是外面的事情。它解釋說，我們都是小宇宙，我們的體內都有太陽、月亮、星星和宇宙。它講我們怎樣用氣來滋養和保護我們的肉體，以及怎樣聚氣來修出一個長生不死之體。如果我們的氣只來源於外部，我們很容易就精疲力盡了。它教我們怎樣去修煉內氣。修道不容易。有些人一輩子都在修道，卻沒有成功。關鍵是要聚氣。一旦你能把氣聚到一起，你的智慧自然而然就會生起，容易得就像生火、下雨一樣。

問：在學習道教方面，您覺得書有用嗎？

楊：書就像食物。它們能填飽我們的肚子，卻不能填飽我們的心。如果我們不明白什麼東西，我們可以買一本書，對它進行了解。從書中我們可以學到很多東西。但是讀完以後，我們會發現，書中所講的與現實是不同的。

現在有很多講愛情的書。一些道士讀了這些書，就決定還俗、結婚生子。但是愛情是變化的，它會變得毫無意義。書能蒙蔽人。修行要花時間。花了很多年修道，然後還俗了，只等著失望，這是一個恥辱。再重新修行可就難了。

如果你想修道，你就必須做好受苦的準備。除非你生來條件很優越，否則你就要受苦。但是，從苦中會得到樂。這就像錢。錢來得容易，去得就容易。如果你不得不為錢而勞作，錢就意味著更多的東西。你不會浪費它。修道也是如此。如果你生在一個優裕的家庭，受到良好的教育，就容易多了。如果你沒有，你就必須有更大的毅力。但是，悟道要花很長的時間，成功需要很大的決心和毅力。修道的人很多，多如牛毛，但是成功需要時間。真修道的人是非常少的。成功的人更是少之又少。

問：在修行方面，您覺得佛教和道教之間有什麼區別？

楊：佛教徒和道教徒走的是同一條路，他們只是做著不同的夢而已。從本質上來講，佛教和道教是一樣的。佛經和道藏講的是相同的事情。只不過道教強調命，而佛教則強調性。但是真正修行的人是性命雙修的。在實修方面，佛教在某種程度上比道教要好一些。雖然道教徒們談修心，但是在控制自己的情緒方面，他們常常會有一段困難時期。在壓制驕傲的感覺方面，這一時期對他們而言，更加困難。但是，不管修佛還是修道，要成功都是很困難的。

問：在最近的幾十年裡，道教變化了嗎？

楊：道永遠不變。我們的吃穿變化了，但是道沒有變。科學和社會進步了，但是那又怎麼樣呢？現在我們吃得比以前好，但是道教還是原來的舊老子。

問：您能透過教人修道來養活自己嗎？

楊（哈哈大笑）：這就像做豆腐。如果一個豆腐師父決定把花了他很多年時間才學到的東西教給一個弟子，他怎麼能算清帶一個弟子要花多少錢呢？傳道是不計價錢的。

也許確實是不計價錢的，但是時間到了，我們該走了：是向楊道長和終南山裡的隱士們道別的時候了，也是為此向中國道別的時候了。

在西安的最後一天，我去給兒子買些郵票。郵票專賣店在柏樹林路的路尾，離西安南門不遠。我略過了清朝的郵票和「文革」的郵票，買了一串郵票，上面是花卉和古代著名的美女。然後，我回到柏樹林路上。我還沒有走出一百米，就在此時，我注意到右首有一個手寫的小標誌：臥龍寺。我讀過關於臥龍寺的資料。清朝末年，虛雲老和尚搬到嘉五臺以前，曾經在這裡住過。我聽說它已經被紅衛兵砸爛了，可是這裡卻有一個標誌，表明它還在。我循著這個標誌，走進一條小巷。走了大約五十米，來到一個鏽跡斑斑的大鐵門前。裡面就是臥龍寺。

唐朝的時候，它被稱作觀音寺。宋朝的時候，它的名字變成了臥龍寺——那是為了紀念這座寺廟的一位方丈維果禪師的，他總是躺著修禪。

大鐵門吱吱嘎嘎地響起來。前院是荒蕪的。又一座工廠最近被拆除了。寺院建築破爛不堪，維修狀況如此之差，我幾乎要打退堂鼓了，經過內院，我走進大殿。上香致敬之後，我注意到一尊小石佛。服務員告訴我說，它是五世紀末雕刻的。他還指出了一幅唐代的觀音像。這樣一座破破爛爛的寺廟，卻藏著這樣令人難以置信的寶貝。

就在我要離開的時候，幾個和尚出現在門口。他們問我在幹什麼，我告訴他們我在參訪隱士。他們哈哈大笑起來。其中一個人說：「那你就來對地方了。我們都是這裡的隱士。」我也情不自禁地哈哈大笑起來。這位和尚名叫如成。很顯然他是方丈，雖然他不承認——他說他太笨了，當不了方丈。然後他解釋說，臥龍寺不想要一個官方的方丈。他說：「如果我們選一個方丈，他就必須得到政府的同意。我們更願意沒人管。這就是我們不修寺廟的原因。政府已經給了我們錢，讓我們重修這些建築。但這是一座禪寺。我們不需要花稍的建築。花稍的建築只會吸引遊客。」

他告訴我，大約有五十位和尚住在這座寺廟裡。他說，其中的兩位已經八十多歲了。他們的名字是慧淨、慧通。他說，他們每天早上三點起床，然後直到午夜之前才休息。他們醒著的大部分時間，都花在禪墊上了。我問如成他們的師父是誰，但是我本來應該知道答案的。他說：「虛雲。」

我們交談了半個小時，談臥龍寺，談終南山。他說，臥龍寺每年有四次長達七十天的禪七。然後，他開始列舉他所認識的所有山中隱士的名字。那些人我都認識。我笑了，告訴他，我還是第一次遇見城市隱士。他哈哈大笑起來，我也哈哈大笑起來。此時我想起了中國人所說的那句話：「小隱隱於野，大隱隱於市。」再沒有什麼可說的了，我鞠躬為禮，告辭了。

空谷幽蘭——尋找中國現代隱士

Road to Heaven：Encounters with Chinese Hermits

作　　者　比爾・波特（Bill Porter）
譯　　者　明潔
攝　　影　史蒂芬・R・詹森（Steven R. Johnson）
封面設計　黃子欽
責任編輯　張海靜、劉素芬
行銷業務　王綬晨、邱紹溢
行銷企畫　曾志傑
副總編輯　張海靜
總 編 輯　王思迅
發 行 人　蘇拾平
出　　版　如果出版
發　　行　大雁出版基地
地　　址　台北市松山區復興北路333號11樓之4
電　　話　02-2718-2001
傳　　真　02-2718-1258
讀者傳真服務　02-2718-1258
讀者服務信箱　E-mail andbooks@andbooks.com.tw
劃撥帳號　19983379
戶　　名　大雁文化事業股份有限公司
出版日期　2021年06月 初版
定　　價　450元
I S B N　978-986-06523-4-5

歡迎光臨大雁出版基地官網
www.andbooks.com.tw
訂閱電子報並填寫回函卡

國家圖書館出版品預行編目(CIP)資料

空谷幽蘭：尋找中國現代隱士 / 比爾.波特(Bill Porter)著；明潔譯. -- 初版. -- 臺北市：如果出版：大雁出版基地發行, 2021.06　面；　公分
譯自：Road to heaven : encounters with Chinese hermits.
ISBN 978-986-06523-4-5(平裝)
1.隱士 2.宗教與社會 3.中國
546.1135　　110007158